小国大輝論

西郷隆盛と縄文の魂

上田篤

Ueda Atsushi

藤原書店

小国大輝論　目次

2　明治維新は何だったのか？——西郷隆盛と百姓が殺された　87

3 もう一つの「明治維新」――スイスにまなぼう 131

4 日本の国の原点——一万年の縄文社会にあり 185

むすび　「小国大輝」の日本――縄文にかえろう　233

小国大輝論

西郷隆盛と縄文の魂

まえがき　混迷の日本をかんがえる

「阪神淡路大震災」

建築学者であり建築家であるわたしが、こういう歴史、文化さらには政治にわたるような本を書くようになったのは、十七年まえにわたしの人生が変わったからだ。それは一九九五年（平成七年）におきた「阪神淡路大震災」のせいである。

阪神淡路大震災がおきたとき、わたしは「なにをおいても現地にいかなければならない」とおもった。それは取材や救援活動のためではない。「一つの都市が壊滅したというのにその現実を知らなければ、建築学者、さらには建築家とはいえない」とおもったからである。そこで震災がおきた数日ごに、すべての仕事をなげうってわたしは京都の山奥から神戸市へとむかった。

電車は、甲子園球場のある西宮までしか通じていなかった。そこまでの車内風景は、ネクタイをつけたサラリーマンやスカートをはいたＯＬの通勤電車のそれで、ふだんとなにも変わらない。しかし西宮駅から一歩あるきだすと、そこは「地獄」だった。朝から人っ子一人いない「無人の町」である。

わたしは仰天した。その天国と地獄のようなコントラストにまず打ちのめされた。

それから雨のそぼふる「地獄」のなかを、朝の七時から夜の十時ごろまでひたすらあるきまわった。西宮から神戸まで往復ほぼ四十キロメートル。そこでいろいろのショックをうけた。

たとえば本住吉神社の大きな社殿は、屋根が少々傾いてはいるがちゃんと建っているのに、社務所は高さ三十センチメートルの「土」になっている。社殿は江戸時代の建物だが、社務所は建築基準法の確認をうけた現代建築である。つまり江戸時代につくられた建物は立っているのに、現代建築は影も形もないのだ。

おなじことが三宮のビル群についてもいえた。それらビル群は下階と上階で柱間隔のことなる「ツーピース式建物」がおおいが、みなその「ことなる部分」で折れている。それらはすべて構造設計で安全が確認されているはずのものなのだ。そうして街はそういう「折れたビル」のオンパレードだった。

そうなると「現代建築の構造設計とはいったいなんだったのか？」とかんがえさせられる。江戸時代の神社建築のほうが頑丈ではないか？

さらにショックだったのは阪神高速道路のコンクリートの橋梁が横転している姿と、そこに展開されていた風景だった。

転倒した高速道路が、まるで「白い大蛇」のように延々とのたうっている。それはテレビなどで見た形そのままだが、問題は冬の夜中の八時だというのに、あたり一面煌々とライトを照らしながら、その「白い大蛇」のまわりで数十台のクレーン車とトラックとが行き交い、数百人の作業員が働いている。つまり「白い大蛇」を破砕し、それらのコンクリート塊を撤去しているのだ。地獄のなかに突如あらわれた「現代」である。

その光景をみていて、わたしはしばらく声がでなかった。

あとできいた話によると、その連日連夜にわたる作業によって、横転した高速道路は数日間でこの地上からすっかり消えさったそうだ。わたしは「もみ消し」というものの実風景を見たのだった。

しかしいちばん大きなショックは、そのときに現場でみたりきいたりした話と、そのご発表された被災の内容とがあまりにも食い違うことだった。その一つは、この震災の原因別死者数である。

地震直後の死者五千人のうち地震で死んだ人は、新聞等で当初八百人と報道された。すると、残りの四千二百人は火事で死んだことになる。地震のあとに三日三晩つづく大火災がおきたからだ。

　ところがそのごの消防庁の発表では、その数字が逆転した。地震で死んだ人は七七パーセントで、火事で死んだ人は九パーセント、残りはその他という。しかもその数字は発表のたびに変わる。

　そこでおもいだされるのは大正十二年（一九二三年）の関東大震災である。このとき地震で死んだ人は一万人だったが、火事で死んだ人々は九万人、およそ十倍もいたのだ。そのように火事で死んだ人が多かったのも、関東大震災は地震が午前十一時五十八分におきたからで、人々の昼餉の支度の炭火が火事の原因だった。さらに、そのころの東京はまだビルらしいビルもなく「木造都市」だったことが不幸に輪をかけた。

　それにたいして「阪神淡路大震災」は、地震がおきたのは午前五時四十六分で朝餉の準備にはまだ早く、また昔とちがって木炭などをつかわないので火事はおきなかった。現地でだれにきいても「地震直後に火事はなかった」という。

　ところが、午前八時から十時ころに火事が発生した。

　とりわけ長田区の木造住宅密集地帯でおきた火事は、それから延々とテレビにうつしだされて翌々日までつづいた。わたしはその模様を終日呆然とながめていた。当然ながら家屋内や街区内に閉じこめられたたくさんの人々が焼死しただろう。新聞発表によると、長田区だけで六千棟の家々が焼かれたからである。

しかしそのごの消防庁の発表では、それら死者のおおくが圧死とされた。「圧死者が焼かれた」のである。

さらに消防庁が発表した震災時の発生別出火件数をみると、総数二百六十一件中、電熱器等によるものが四十件で、その他こまごましたものが原因とされているが、大部分をしめる百三十七件は不明である。地震直後に停電になったのに電熱器による火災というのもわからないが、不明というのもまったくわからない。なぜ不明をもっと調査しないのか？　だいたい地震のあと二〜五時間たってからなぜ市内各所でいっせいに火事がおきたのか？　それには全く説明がない。

火災直後の一部の新聞報道とさらに現場できいた話などを総合すると、火災の原因はどうやら、各地の停電箇所にかけつけた電気工事人が電線を修復したとき、スパークした火花がガスコンロからでた生ガスに引火したことのようだ。というのも、地震でひっくり返ったやかんの水などでガスコンロの火が消え、生ガスが漏れたためだろう。

すると有事にガスをとめなかった大阪ガスと、緊急に電線の修復工事をした関西電力との連携不足が原因である。とりわけ罪は、再開するのが至難の業だからといって有事にガスを止めなかったガス会社の慣例が重いかもしれない。

であればそういう事態の発生と、それにたいする事前対策をかんがえていなかった神戸市や兵庫県にも応分の責任がある。

それから一週間ほどたったのちのこと、わたしはある雑誌社から震災について原稿を依頼されたのでそのことを書いたところ、ある日、くだんの雑誌社員が東京からわたしの家までやってきて、わたしの原稿を返したうえで「原稿依頼はなかったことにしてください」と哀願された。

わたしはあっけにとられた。「日本は行政だけでなく、マスコミまでものがいえなくなったのか！」とおもった。「失われた十年」ということばがはやったそのころ政治も経済も落ちこんでいたが「日本社会は肉や骨だけでなく、神経までも病みはじめた」と実感した。

それから二カ月後におきたオウム真理教による一連の事件をみて、わたしはますますその感をふかくしたのである。

「日本はとうとう頭までおかしくなった！」

人生が変わった！

それいご、わたしの人生は変わった。

それまで永年つづけていた大学での建築や都市の調査研究を、さらには大阪万国博覧会の「お祭り広場」いらい手がけていた建築設計の仕事などをやめたのである。わたしが関係していたアトリエも数年ごとに解散した。

大学や学会等も、定年を機にそのほとんどを辞した。

それからわたしの仕事は、この混迷の日本において「日本とはなにか?」をかんがえる社会評論になった。しかし商業雑誌も、にわか評論家などにはスペースをあたえてくれない。しかたなく自身で『雑家』という名の同人雑誌を発刊した。「雑家」とはシナ(チャイナの日本語)の国の「諸子百家」といわれる時代に、特定の主義主張をもたず、ひろく情報をあつめて整理・公開した学者たちのグループをいう。

この『雑家』を、九五年四月から〇一年六月までの六年あまり、毎月刊行した。そこにわたしはおおくの試論をかいた。

阪神淡路大震災の翌年、そのなかからえらんだ論文を『五重塔はなぜ倒れないか』(九六年、新潮社)にまとめて世に問うた。江戸の神社の社殿どころか、五重塔は五百年も千年ものあいだおおくの地震にあいつづけても倒れないのだ。この尊厳なる事実に現代建築学者のだれもが目をむけないことに怒りをおぼえたからである。

つづいてわたしは友人たちと「社叢学会」なるものをつくり、古いヤシロの調査研究に乗りだした。おおくの神社を見てあるいた。「そこに古い日本の文化がかくされている」とおもったからである。そのとおり、わたしは神社からおおくの知見をえた。かねてからかんがえていたように、ヤシロはおおく古代日本人の「太陽信仰の秘所」だった。さらには縄文の遺風をつたえる森だった（拙著『海辺の聖地』九三年、新潮選書）。

また久々に、むかし翻訳したアメリカ文化人類学者ルイス・ヘンリー・モーガン（一八一八～八一）のアメリカ・インディアンの生活（『アメリカ先住民のすまい』拙監訳、九〇年、岩波文庫）をふりかえった。そしてなんどかアメリカにおもむいた。そこには、ついこのあいだまで土器をもたなかった人々、土器をもったが菜園をもたなかった人々、さらには土器も菜園ももったがなお未開生活をおくる人々などがみられ、古代日本人の姿をしのばせるものがあった。

とりわけそのなかのイロクォイ族の氏族クランにわたしは注目した。それは母系制の集落である。古代ギリシアの部族社会の女性支配を明らかにしたドイツの法制史学者ヨハン・J・バッハオーフェン（一八一五～八七）の仮説（『母権論』）を実証するものだ。そこにわたしは、古い日本社会、とりわけ女性土偶などをもつ縄文社会の原像をみるおもいがした。

いっぽうわたしはまた、八一年いらい虜になるほど熱中していた沖縄をたびたびおとずれた。オモロをはじめウムイ（祭歌）、クェーナ（幻視歌謡）、オタカベ（祝詞）、ミセセル（呪詞）などといった古謡にみるエケリ（兄弟）とその守護神オナリ（姉妹）の生活と行動に魅せられたからである。古代母系制社会の意味と力がこれほど明確に存在するものをわたしは知らなかった。わたしはしだいに「そこに原日本つまり〈縄文社会〉があるのではないか?」と確信するようになった。

さらに九八年から一年間イギリスに留学した。そして西暦四四九年いらいのアングロ・サクソン人によるブリテン島の開発の歴史をさぐるべく各地をあるいた。イギリスの貧しい土地を開拓したヨーマンリーの意識と行動のあとを追ったのであった(『イギリスの国の十二の謎』未刊)。

つまりわたしは日本の古い歴史を、のこされた文献史料や遺物・遺跡などから記述する既存の歴史学や考古学の知見に飽きたりず、古社叢に秘められた姿や、アメリカ・インディアンのいまにとどめる生活、沖縄につたえられる農耕社会以前の伝承、日本とおなじ島国イギリスの開発史などを重ねあわせる「綜合的歴史学研究」をはじめたのである。

そうしてわたしはようやく「日本の古い歴史」にたどりついた。縄文時代からはじまる日本の歴史を『日本の都市は海からつくられた』(九六年、中公新書)という一著にまとめることができたのである。

つづけてそういう視点から、古い日本の実相をよみとく一連の本をかいた。『鎮守の森が甦る――社叢学事始』(〇一年、思文閣出版、共著)、『呪術がつくった国日本』(〇二年、光文社)、『都市と日本人――カミサマを旅する』(〇三年、岩波新書)、『鎮守の森の物語』(〇三年、思文閣出版)、『日本人はどのように国土をつくったか』(〇五年、学芸出版社、共著)、『一万年の天皇』(〇六年、文春新書)、『日本人の心と建築の歴史』(〇六年、鹿島出版会)、『庭と日本人――ニハには魂がある』(〇八年、新潮新書)などなどである。

それらのどの著においてもわたしの主題は、縄文時代に発したとみられる日本の呪術つまり魂《たま》信仰ないし文化をさぐることにあった。というのも、あるとき沖縄の漁師が舟を漕ぎながら「雨は一粒もいらん。一年中、太陽が照っててほしい。太陽はわれわれの魂だ」といったことばにつよいショックをうけたからである。もちろん『古事記』や『日本書紀』をはじめ多くの古文献にも、そのようなタマの存在が示唆されている。

ためにわたしの著述は、イギリスの文化人類学者ジェームズ・フレーザー（一八五四〜一九四一）の「呪術は宗教ではなく科学である」（J・G・フレイザー『金枝篇』岩波書店）ことの日本における確認のようなことになった。またおなじくイギリス文化人類学者ロバート・マレット（一八六六〜一九四三）の「マナすなわち魂は実際的な超自然力をもつもの」であることの日本における実証を目ざすものとなったのである。

そういうタマないしマナをもつ人間として、今日、具体的には東北のイタコや沖縄のノロなどにわずかに見ることができるが、じつはそういう特殊なケースだけではない。たとえば「そのような日本人のマナというものは武士道にのこっていたのではないか？」とわたしはおもった。そこである雑誌に「新武士道のすすめ」なる一文を投稿した（九八年『中央公論』）。のち英文になって世界に発信された（九八年 “Neo-Bushido for Tomorrow's Japan” Japan Echo）。

そしてわたしはとうとう一人のサムライにゆきついたのである。幕末の「マナ人間」とでもいうべき西郷隆盛（一八二七〜七七）である（『神なき国ニッポン』〇五年、新潮社、共著）。

かれは時勢に絶望して薩摩潟に身を投じたが同僚は死んでも自分は死なず、主君島津久光に嫌われて沖永良部島の荒格子の獄舎につながれたが半死半生にやせ細って生きのびた。また坂本竜馬をつかってそれまで敵同士だった「薩長」を同盟させ、小御所会議で親藩・譜代大名の面前で将軍慶喜を追放した。さらに鳥羽伏見の戦いでは四千の薩長士軍をひきいて一万五千の幕府軍をやぶった。そうして明治維新をなしとげたのである。

その西郷は今日「不平士族の代表」のようにいわれているが、じつはけっしてそうではない。西郷をしらべてみて、かれの原点がじつは武士ではなく「百姓」にあることを発見したからだ。そのことを知ったわたしの研究テーマは「サムライ研究」から「百姓研究」へと変わっていった。そこで「百姓としての西郷の衣鉢をつぐ人物が今日いるだろうか?」とかんがえたあげく、たどりついたのが、なんとスイスという国であった(『西郷隆盛ラストサムライ』〇九年、日本経済新聞出版社)。今日、西郷の主義主張をうけついでいるような日本人はこれといって見あたらず、かわりに、西郷の言葉どおりに実行している国スイスをわたしは「発見」したのである。

というのもスイスはいまなお、かつての「自由農民」の伝統をうけついでいる国である。そしてその自由農民であるスイスの山岳農民と、イギリスのヨーマン、さらに日本の百姓はみなおなじものであることを見いだしたからだ。西郷は「百姓の国」を模索したが、それがじつはスイスにあったのだ。

そこでわたしは一昨年（二〇一〇年）二度スイスに調査にでかけた。そうしてわたしはスイスの自由農民の背後に、さきに考察したような「縄文人」を発見したのである（西郷義塾「スイス調査報告書」一一年）。つまりスイスは「百姓の国」であるとどうじに、今日にのこる「縄文人の国」だったのだ。

そのたんてきな証拠が、今日のスイスの連邦国家の形である。

それは形式上は二十六のカントンつまり州の連邦だが、実体は三千のゲマインデつまり市町村の連合といっていい。いいかえるとスイスは人口六百万の小国ながら「三千の都市国家」なのである。そしてスイスの民兵は形式上は州兵であるが、実態はその都市国家であるゲマインデをまもることを主にしている。つまり「故郷をまもるサムライたち」なのだ。

とすると、それは「八百万《やおよろず》の神の国」の姿そのものではないか？　そういう姿は「縄文社会」といってもいい。そのことについてはのちにくわしくのべるが、縄文社会もまたヤオヨロズの社会とかんがえられるからである。とするとスイスは、私流にいえば「今日に生きる縄文国家」なのだ。

ということからわたしの「縄文社会研究」は、国際的な問題となっていった。そうしてそういう「縄文国家スイスから逆に今日の日本を見なおしたらどうなるか？」という思考を発展させていったのである。

それが本書におけるわたしの問題提起である。

日本人の原型は縄文人にあり

それをわかりやすくいうとこういうことだ。

阪神淡路大震災いらい十七年、さらに東日本大震災にも遭遇し、現代日本社会はさまざまな問題をかかえて混迷あるいは閉塞の状況にあるが、わたしはかんがえにかんがえたけっか「この混迷あるいは閉塞状態を脱するのは簡単なことだ」とおもうようになった。すくなくともそこから脱する方向だけははっきりしているのではないか？

というのは、今日、日本人を職業からみるとつぎの三種類のどれかにはいる。

まず「サラリーマン」である。いいかえると、なんらかの組織にくみこまれた組織人間だ。地位はともあれ、会社・官庁その他の団体のなかの一員である。オーナーでない大会社の社長も、霞が関の次官や局長も、一国の総理や大臣でさえもみなこのサラリーマンである。なぜなら、かれらはみな一定の期間、一定の組織のなかで、一定の仕事をあたえられて、一定のサラリーをもらっているからだ。

これらサラリーマンはそういう「組織人間」であるから、かれらが自分の意志で決められる範囲はきわめてかぎられている。

つぎは「自営業」だ。かれらは百姓であれ、棟梁であれ、商店主であれ、建築家であれ、どんな小さな組織をひきいていてもオーナーである。組織をもたない一匹狼であればなおさらだ。そういうかれらはすべてのことを自分一人の判断できめる。きめることができるし、またきめなければならない。社員の給料も、自分の所得も、組織の利益も、損失も、そして将来設計も、である。

いわば、かれらは「自立人間」なのだ。

第三は「無職」である。子供、学生、専業主婦、定年退職者、非正規雇用労働者、失業者、老人、病人たちだが、その字のとおり、職がないか、または不安定である。

さてこのようにみてくると、ここでは「無職」はいちおう除外してさきの二種類の人間の問題をみると、現代日本において「サラリーマン」がふえ「自営業」がへってきていることである。大会社をみても、このところサラリーマン社長がふえてオーナー社長は少なくなってきている。

「なぜそれが問題か?」というと、組織人間であるサラリーマン社長はどんな優秀な社長でも自分の在任期間中のことしかかんがえない。すくなくともそれがいちばん大きな問題であることはたしかである。

だが自立人間のオーナー社長は、つねに組織の将来をかんがえる。ときには一時のことなど、たとえば現在の利益などかまっておられないことだってある。

そこが決定的にちがう。

ために平時はともかく、現在のように明日なにがおきるかわからないような「乱世」になると、またとっさに判断しなければならない「有事」のときなどには、どんな高学歴な人でもまた有名人でも組織人間のリーダーはよわい、というか決断力がない。どうしていいかわからないのである。失敗ということがゆるされないからだ。失敗すれば即クビが待っている。とくに役人は絶対だ。

とすると組織人間というのは、ようするに「失敗ができない人間」のことである。

ところが自立人間のリーダーは、そういう動乱や有事のときにはまったく無学でも無名人であってもつよい、決断力がある、欣然として事態に対処する。どういう結果であろうと、それをうけいれることができる。失敗も経験のうちだからだ。

自立人間とは、ようするに「失敗ができる人間」のことなのである。

とみてくると両者にはいろいろの得失があるだろうが、現代日本はさきにのべたように組織人間ばかりがふえて自立人間がへってきている。こういう動乱や有事の多い時代になると、それが大きな問題なのである。

とすると、現代社会の改革というのは、上は内閣から下はコンビニにいたるまで自立人間をもっとふやすことではないか？　すくなくとも現代社会の改革の方向は自立人間を大いにみなおすことにあるのではないか？　政治のあり方も、行政のシステムも、会社のなかの組織も、また家庭や学校の教育方法なども、そういうことをもっと真剣にかんがえなければならないのだ。

現代社会の閉塞ないし混迷状況を正すための政策が巷にいろいろ論じられているが、政策が変わっても人間が変わらなければ世の中はそう簡単にはよくならない。逆に人間が変わると、新しい政策もしだいについてくるものなのだ。

とすると、日本をよくするためには人間が変わらなくてはならない。そして人間が変わるためには「自立人間」をもっとふやさなければならないのである。

そういう自立人間の典型は、現在、企業のオーナー社長や、モノづくりの中小企業主や、各種職人や、商店主や、農家や、私塾の経営者や、言論人や、芸術家や、スポーツマンや、探検家や、そのほか組織社会にあってしばしばサムライなどと評される人間などがかんがえられるが、その原型は、かつて「農は百業の礎」といわれた百姓にあり、さらにさかのぼれば「土地がない、資源がない、情報がない、そして自然災害だけがやたらに多いこの国土にあって、一万年以上にもわたって生きぬいてきた縄文人にある」とわたしはかんがえる。

本書は、その「一万年にもわたり、土地も、資源も、情報もない国土のなかで自然災害と戦いながら自立人間として生きてきた縄文人の伝統と文化をうけついでこれからの日本をかんがえたい」とする一つの考察なのである。

1

だれが原発をつくったか?

――日本の官僚をかんがえる――

大事なことをなぜ隠すのか？

今日の日本の混迷あるいは閉塞の状態を一気に現出させたのは、二〇一一年三月十一日午後二時四六分に東北地方の太平洋沖でおこった超大地震と、その四十分ごに東北の太平洋沿岸各地をおそった未曾有の大津波とである。さらにこの地震と津波で破壊された東京電力福島第一原子力発電所からながれでた放射能による、信じられないような怖ろしい「放射能汚染」だ。

この「地震・津波・放射能汚染」の大被害は、かってない自然災害にあることには違いないが、しかしそれにたいする気象庁、東京電力、各省庁、内閣などの対応のお粗末さをみてきた国民は、みな「これはたんなる自然災害ではなく、人災である」とおもうようになった。

とすると「人災とはいったいなにか？」

その中身にはいろいろあるが、そのいくつかのものをとりあげる。

たとえば、その一つに気象庁の発表した津波の予想高さがある。

三陸海岸沖の海底では、北アメリカ・プレートと太平洋プレートとが衝突したけっか日本海溝がうまれ、たいていの地震はこの海溝でおきるが、その深海の海溝で地震が発生して海面が上昇し、上昇した海面が三陸海岸にやってきて津波になるまでに三、四十分ぐらいの時間がかかる。

すると、その間に発表される気象庁の津波の予測高が問題になる。

今回、地震発生の四分後に気象庁が発表した津波の予想高さは「岩手県と福島県で三メートル、宮城県で六メートル」だった。しかしじっさいには十五メートル、場所によってはそれ以上の高さの津波がやってきておおきな被害をうけた。

もっとも気象庁はその数分後に「六メートルの大津波、場所によってはそれ以上」と訂正したようだが、最初の発表が多数の市町村や学校、さらにはおおくの一般人にうけとめられてしまい、たくさんの人々が難にあったのである。

ということは、今回、気象庁は重大な誤報をしたのだ。

ところがその気象庁のおこした誤報をだれも責めない、気象庁も釈明しない、という問題がある。

こういうことがある。

「東日本大震災」がおきる二年まえの二〇〇九年四月にイタリア中部の都市ラクイラ一帯で大地震がおきて、三百人の人が死に、六万人以上の人々が被災した。ところがその地震にたいして、じつはその六日まえに同国の防災庁付属の委員会がラクイラでひらかれ「群発地震はおきているが大地震の恐れはない」と結論づけていたのである。そこで遺族たちは怒って、そういう予知をおこなった同委員会の学者ら七人を過失致傷罪で訴えたのだ。

その裁判は、二〇一一年の冬の段階でなお続行中である。

こういう話をもちだしたからといって、わたしは「日本もそうせよ」といっているのではない。日本とイタリアとでは根本的に文化がちがう。イタリアは個人主義社会だからそういう問題がおきるのも理解できるが、日本はいわば「一億総連帯社会」といっていいから、いつのばあいにも個人の責任をそんなに追及しはしない。「大東亜戦争」の戦争責任もいまもってわからない。「一億総ざんげ」が唯一おもいあたる総括である。

であるから、このばあいも「気象庁のだれかの責任だ」ということがわかっていても、日本人はかならずしもその責任を追及したりはしない。じっさい、気象庁でも予報官個人の判断でそういう予報がだされたのではないだろう。気象庁全体の責任でおこなわれたとおもわれるが、いずれにせよわたしが問題にしたいのはそういう責任の追及ではない。

そうではなく、この誤報にかんする気象庁の情報公開の態度である。誤報となった前後の状況を、気象庁として国民に正確に報告してほしいのだ。そうしないと、国民はこれからも気象庁の予報に不安をおぼえてしまう。

さらに問題は、気象庁の無謬性、ひいては日本の官僚の無謬性ということである。日本官僚がそういう無謬性的態度をくりかえしていると、こんごもおなじ過ちを犯しつづけるだろう。国民の信頼も失っていくだろう、とおもわれる。

人間は神さまではないのだから、専門家といえども過ちを犯すのはいたしかたのないことである。それをいちいち咎めだてしていたら、日本社会は欧米社会のようにギスギスしたものになるだろう。欧米社会はたとえギスギスしても、それを裁判で争い、判決が下りればそれについてもはや問題にしないルールが文化としてあるが、とすると、これは両国の文化もふくめてかんがえなければならない深刻な問題である。

そこで国民の願いは「行政の方々、どうか大事なことを隠さないでください」の一言につきる。第二次大戦中のウソだらけの「大本営発表」を、もうやめていただきたいのである。

しかし、わたしがこの原稿を書いていた二〇一一年十一月、大津波がおきてから八カ月ごのこと、やっとその問題が気象庁でとりあげられた。津波のときに気象庁のとった今回の措置をふくめて、こんごの津波の予想高さの発表が議論されたのである。

新聞報道によるとそれは、今回の津波の予想高さの発表が拙速に過ぎたことと、津波の予想高さに具体的な数値をあげたことの危険性とがあげられていた。

しかしそういう反省では、そういう誤報をおこしたいちばんの原因がわからない。わたしたちが知りたいのは「津波の予想高さをどうして間違えたのか？」ということである。それがいちばん大きな問題なのだ。それが隠されていたのでは、今後もわたしたちの不安がつづくのをどうしようもない。

「地震感知」をなぜやらないか？

じつは、そういう「誤報」の背後にはおおきな問題がある、とわたしはおもう。かんたんにいうと、気象庁の技師をふくむ日本の地震学者たちのあいだには「地震予知」ということが頭にあっても、地震の前兆をしめす各種の異常、つまり「地震感知」ということがおろそかにされていることである。

「地震予知」というのは「地震は科学的におきるもの」とかんがえ、したがって科学やそれにもとづく理論などによって「地震予測は可能」とするものである。

その理論は二つのものからなっている。

一つは地震は「プレート・テクトニクス・セオリーにもとづき、地殻の巨大なプレートの衝突によっておきる」というものであり、もう一つは「そのプレートの衝突は周期的にくりかえされる」というものである。

その二つの理論にもとづいて一九七〇年代の中ごろから、東京大学理学部の地震学教授らが中心になり、気象庁をもまきこんで「近々日本に巨大地震がおきる」と結論され、その震源域は東海地方の沖合、その型は「沈みこみ型逆断層地震」と予測されたのであった。

さらに「大規模地震がおきるばあいにはかならず物理的予兆現象のスベリがおきる」とし、おおくの地震学者らが国会陳情し、議員立法によって「大規模地震対策特別措置法」（一九七八年）なるものをつくらせ、その法律にもとづいて国の予算をとり、各地に気象庁の大観測網をしき「体積歪み計」などの機器を配備したのである。そうして観測をつづけること三十四年、いままでのところ東海沖にはなにもおきていない。またこんどの大震災でも、そのような「物理的予兆現象なるもの」はみられなかった。

それはともかく、そもそもこういう「科学的理論」なるものの元をつくったのは十七世紀のフランスの哲学者ルネ・デカルト（一五九六〜一六五〇）である。かれは「この世界の物理現象、さらには生命現象でさえもすべて機械論的に説明可能だ」とかんがえた。

同世紀末にアイザック・ニュートン（一六四二〜一七二七）が「万有引力」を発見するにおよんで、デカルト主義はますます勢いをました。学問世界において「森羅万象すべてのものは理論的に説明可能」という普遍主義が確立されたのである。

こういう理論にもとづく成果は「近代科学の知」とよばれる。

これにたいし哲学者の中村雄二郎（一九二五〜）は「それは〈科学知〉ではあるが、一つの〈知〉にすぎない」という。世の中にはこのような科学知で理解されないおおくの現象があるからだ。

たしかに引力は普遍的なものだが、しかしすべての物事が引力のように理論的かつ普遍的に説明できるものではない。この世界のたいていの事象はもっとおおくの複雑な要素が絡まっているからである。

そこで「理論だけでなく、物事のおかれている複雑な状況をあれこれしらべてみないとわからない」という知の立場もありうる。おおくの事象をしらべ、ときには現場にでかけていって観察し、そのけっか、おおくの因子をくみあわせて考察するという知的作業である。

中村はそういったものを「科学知」にたいして「臨床知」とよぶ（『術語集』）。わたしは「現場知」とよんでいる。「科学知」が理論的、分析的、数値的であるのにたいし「現場知」は経験的、総合的、直観的である。

どうようのことを西田幾多郎（一八七〇〜一九四五）はアメリカの心理学者ウィリアム・ジェームズ（一八四二〜一九一〇）のことばを借りて「純粋経験」とよび、プラトンやデカルトの思惟至上主義を批判している。西田のこの純粋経験は、金沢市卯辰山麓の洗心庵での座禅体験によるものであるが、わたしはそれを「現場知」とみる。物事を思惟する左脳の活動をおさえ、物事を感覚でとらえる右脳を働かせるものだ。ようするに直観である。

じっさい地震についてわたしの知っているある科学者は「地核の構造は人間の社会とおなじように複雑で、人間の社会の明日が予測できないように地震の発生も予知できない」と断言する。

わたしも「そうだろう」とおもう。ただ「地震は予知できなくても、その前兆現象の感知はできる」とかんがえる。じっさい今回の地震発生の四、五日あとに大阪のさる寿司屋にいったとき、そこの板前さんは「もうひと月も前から近海でマグロがとれない」とこぼしていた。その話がほんとうなら、太平洋近海のマグロは地震を感知していたのだろう。

予知というのは、学界で権威の確立された公式や定理などにもとづいて現実の状況にあてはめる「理論作業」といっていいが、感知は、現実におきているさまざまな事象を身体で感じ、過去・現在のさまざまな情報と照らしあわせた結果さとる「前兆察知」である。したがってその性質上、前者は「長期予報」となるが、後者は「直前感知」といっていい。その「直前」とは、数カ月前から数分前までである。しかし、その数分がしばしば人の命を左右する。

じっさい過去の地震や津波では、それが起きるまえにいろいろの前兆のあったことがおおくの人々によって語られている。

たとえば『三陸海岸大津波』（一九七〇年）を書いた小説家の吉村昭によると、昭和八年（一九三三年）の大津波のとき、三陸海岸では津波のおきる一カ月ほどまえからイワシやウナギなどの大豊漁、川菜という海草の異常発生などがあり、それは安政三年（一八五六年）の津波のときにも、明治二十九年（一八九六年）の津波のときにもみられたという。

またそういう大豊漁のほか内陸部では一月ほどまえから井戸水がかれ、津波直前には集落のまえの海が干潟化し、沖合の海で大音響が発生し、また発光現象などもおきたが、それらは昭和八年だけでなく明治二十九年のときにもおきた、とされる。

こんどのばあいも、南三陸町で養殖業をいとなむ遠藤幸宏さんが、地震が発生してから十四分ごの三時から三時間にわたって高台の自宅から志津川湾をデジタルカメラで撮影したが、発表されたその映像をみると、津波のくる二十分まえに海は干上がり、沖合の養殖イカダが一気に湾外へおしながされ、一部の海底がどす黒い色を露出している（『産経新聞』二〇一一年七月七日）。

それはまさに過去の大津波でおきたのとおなじ現象である。

ところが「そういう前兆現象を気象台の職員がみた」という報告はどこにもない。ということは、気象庁は地震予知には血道をあげても地震感知にはおよそ無関心だったことがうかがえる。じっさいこの程度のことなど測候所に井戸でもほればすぐわかることだ。また三陸海岸の何カ所かにビデオカメラを設置すればかんたんに知りうることではないか？

気象庁の職員は高名な地震学者の「地震予知論文」はよんでも、小説家である吉村の『三陸海岸大津波』などを見ていたかどうかはうたがわしい。えらい学者の理論にはとびついても、一般人の経験などには無関心なのだろう。

それは専門家として物事をかんがえるとき、理論的・分析的・数値的な「科学知」にはしたがうが、経験的・総合的・直観的な「現場知」には興味がない、ということではないか？

これでは津波誤報がおきるのも無理はないだろう、とわたしはおもう。

福島原発からなぜ放射能か？

つぎの問題にうつる。

地震と津波が発生してからいごの原子力発電所の問題である。

具体的にいうと、福島県双葉郡にある福島第一原子力発電所の六つの原子炉の震災および津波災と、それにたいしてとられた関係者の措置だ。そこにはいろいろ問題があるが、そのなかの「全電源喪失いわゆるブラックアウトがなぜおきたか？」ということにしぼってかんがえる。

問題は、原子炉内にあるウランの核燃料棒である。

地震がおきたために、定期点検中の三機をのぞくのこり三機の原子炉の活動は自動停止したが、しかし使用済み核燃料棒の温度をさげるためには、たえず水で冷却しなければならない。

その水を供給するのは電気であり、その電気は「発電所」だからいくらでもあるはずだが、皮肉なことに原子炉の活動が停止したため発電所は発電の機能を喪失してしまった。したがって発電所から電気がなくなってしまった。

するとつぎは発電所が外部送電線から逆に電気をもらうことだが、これも地震のために受電設備が損傷し、さらに外部鉄塔が倒壊するなどの事故がかさなってつかえなくなった。

「そういうこともあろうか」とディーゼル発電機による非常用電源をもっていたが、これまた設備自体が地下にあったために水没してしまい、さらに津波でオイルタンクも流出して使用不能になった。

そこで各地から電源車をよんでみたがおりからの交通渋滞にまきこまれ、なぜか警察車が先導しなかったためなかなか現場に到着できなかった。またやっと到着しても、その電源車の電圧と原子炉の電圧とが合うものがあまりなく、さらに構内の電気接続箇所自体も水没してしまい、結局、電源車はほとんど利用できなかった。

これらをみると「いったいなんのためにこのように何重もの非常用電源をもうけていたのか？」とおもいたくなる。「非常用電源が非常時につかえない」というこれはもうマンガではないか。

さいごの望みはバッテリーつまり蓄電池である。これは八時間ほどの寿命しかない。しかし、ともかくこれで核燃料棒の冷却をはじめた。

そのわずかな時間のあいだに、東京電力は消防用ポンプ車で本格的給水をはじめようとしたが、水道管が破裂したためか淡水がない。そこで海水投入を決意したが、それをやると永久に原子炉がつかえなくなるので現場所長の判断ではできない。ために現場所長は東京電力本社に対策を問うた。東京電力本社も決断できず、政府に伺いをたてた。

政府はいつもの「有事」どおり方針がなかなかだせなかった。例によって経済産業省の担当官、課長、局長、次官、大臣、総理官邸、総理のタライまわしと、その間の長々しい会議がおこなわれたためか、とおもわれる。

そうしているあいだに、翌十二日午後三時三十六分、福島原発一号機の建屋内で高熱のために核燃料がメルトダウンし、水素が発生した。つづいて水素爆発がおこり、放射能が外部に露出しはじめた。地震と津波により一号機の非常用炉心冷却装置が稼働しなくなってから二十四時間ごのことである。

その二十四時間で、すべての運命が決した。

大げさにいえば一電力会社の運命ではなく、日本の国の運命が決したのである。

ときの菅直人総理のところにその深刻な状況がいつ知らされたのか、という詳細は発表されていないが、同日午後八時になって総理はやっと海水注入を決断したようだ。それは炉心冷却装置への注水機能を喪失してから二十九時間ご、一号機の爆発がおきてから五時間ごのことである。

そして爆発は三号機、二号機、四号機とつぎつぎにおこっていった。

こうして一号機の爆発までは地震と津波の災害だったが、一号機の爆発いごは「原子力災害」になっていったのだった。

その結果、同年八月の政府の発表によれば、福島第一原子力発電所から大気中に放出された放射能物質のうちセシウム一三七の総量は、広島原発百六十八個分になったという。

しかしもっとも深刻なのは、土壌と海洋の長期汚染である。それが今後どういうことになるのか？　十年、百年あるいは千年、一万年とつづくのか？　いまもって誰にもわからない。

というふうにみてくると、この「大禍根」が日本社会の構造的問題、つまり電力会社の安全対策の欠陥、官僚のタライ回しと合議主義、政府の有事対策の欠如などにあるのはだれの目にもあきらかである。

さらにきびしい指弾かもしれないが「総理の逡巡」ということもあったのではないか、とおもわれる。

ではそのとき、日本の総理にはどういう対応がありえたのか？

関東大震災がおきたとき、帝都復興院総裁に任命された後藤新平はただちに傘下に優秀な専門家たちをあつめたが、そのとき建築局長を委嘱された東大教授の佐野利器が「なにをしたらいいのですか？」ときいたら「そんなことはお前らがかんがえろ。だが金のことは心配するな」といっている（後藤新平『官僚政治』藤原書店）。

今回の大震災のときも、もし後藤が日本の総理だったら「現場の判断でやれ。責任は俺がとる」といっただろう。

というのも、それは後藤にかぎらず明治のリーダーたちがみなそうだったからだ。日露戦争でバルチック艦隊が接近したとき、海軍大臣山本権兵衛は東郷平八郎を抜擢して作戦のすべてをまかせたし、奉天会戦のとき総司令官の大山巌は参謀たちに作戦決定権のすべてをゆだねている。

「作戦のすべてを現場の指揮官にまかせ、責任のすべてをリーダーがとる」それが日本のリーダーの伝統的あり方だったのだ。

地球の「地震の巣」のうえになぜ原発か?

こういった疑問はまだほかにもいっぱいある。

だがそれらの疑問のなかでいちばん大きく、かつ、根本的とおもわれるものがある。それは環太平洋地震帯いわば「地球の地雷原」とでもいっていいところに「なぜ原子力発電所をつくったのか?」ということである(小出裕章『原発のウソ』扶桑社新書)。

というのも、二〇〇九年現在、世界にはアメリカ百四を筆頭に、フランス五十九、日本五十四、ロシア三十一、韓国二十など、二十九カ国が総数四百三十一の原発をもっているが、それらはいったいどこにあるのか?ということである。それらは一体全体、大きな地震帯の上にのっかっているのだろうか?

世界の大きな地震帯は、さきの「環太平洋地震帯」のほかに「アフリカ・プレートおよびインド=オーストラリア・プレート北辺地震帯」とでもいうべきものがある。それはアフリカ・プレートとインド=オーストラリア・プレートがユーラシア・プレートと衝突するところだ。その地震帯のある国は、西からイタリア、ギリシア、トルコ、イラク、イラン、アフガニスタン、パキ

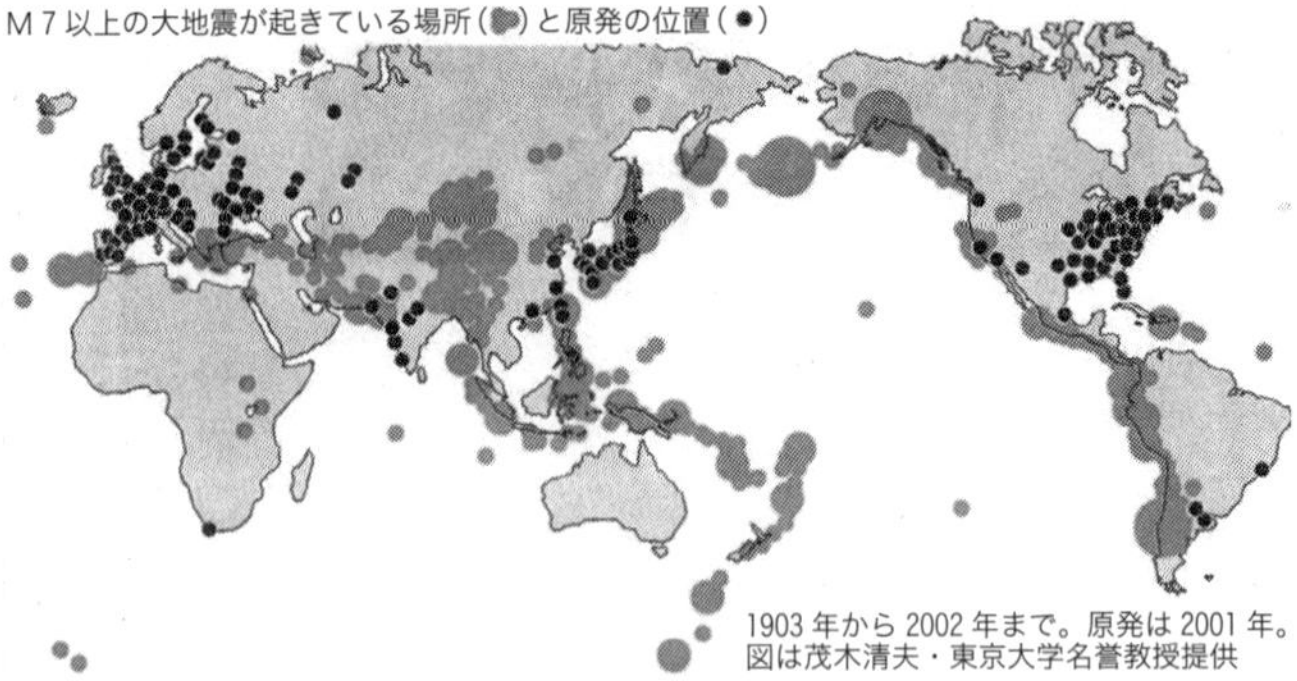
M７以上の大地震が起きている場所（ ）と原発の位置（ ）
1903年から2002年まで。原発は2001年。
図は茂木清夫・東京大学名誉教授提供

図１　地球上の「地震の巣」と原発　M７以上の地震が起きている場所と原発立地（小出裕章「驕りと欺瞞が生んだ悲劇」『日本主義』15号より転載）

スタン、シナの新疆・青海省、ミャンマー、インドネシアのスマトラ・ジャワ島、そしてニュージーランドである。たしかに、さいきんこの地震帯で頻々と大地震がおきている。

いずれにせよ世界の大きな地震はたいていこの二大地震帯でおきているのであるが、この二大地震帯のうえに世界の総数四百三十一の原発のうちの六十の原発がのっている。その内訳をみると、パキスタンの内陸にある二つとアメリカのカリフォルニア州の四つであるが、そのほかは日本の五十四なのである。

いっぽう、この地震帯の上にある国イタリア、ギリシア、トルコ、イランなどには原発はない。イタリアの前ベルルスコーニ首相も原発をもとうとしたが、二〇一一年春の国民投票で否決されてしまった。

たしかにヨーロッパで原発をもっている国にはフランス、ロシア、イギリス、ドイツ、スウェーデン、ベルギー、スイスなどと多数あるが、それらの国々は、みなこの大きな地震帯にのっていないのだ。

とすると、世界の大きな地震帯つまり「地震の巣」のうえに原発をもっている国はパキスタンの二つとアメリカの四つをのぞけば、あとは日本だけである。日本は地震の巣のうえに五十四もの原発がある、まさに「原発と地震の大国」なのだ（図1）。

いったいどうしてこんなことになってしまったのか？

明治いらい、よろず欧米先進国を模倣してきたはずの日本が、欧米先進国もやっていないようなこんな大それたことをなぜやってしまったのだろう？

そこで「だれが、いつ、なぜ原発をつくったのか？」をかんがえてみよう。

だれが原発をつくったか？

一九三八年から翌三九年にかけて、物理学者のオットー・ハーンやマリー・キュリーらは、ウラン二三五に中性子をぶっつけると核分裂をおこして巨大なエネルギーを発生することを発見した。

第二次世界大戦下にあったアメリカは、さっそくこの原理を応用して、アルバート・アインシュタイン（一八七九〜一九五五）ら亡命ユダヤ人科学者を総動員し「マンハッタン計画」と称する秘密作業で原子爆弾をつくって、四五年に広島と長崎に投下した。

戦後、ソ連も、さっそくアメリカに対抗して四八年に核実験を成功させ、さらにイギリスやフランスなどもそれにつづいた。

こういう原爆拡散の動きに危機感をいだいたアメリカのドワイト・アイゼンハワー大統領は、五三年に原子力の平和利用を世界によびかけ、それまでアメリカが独占していた原子力関連技術を他国へ提供することを申しでたのである。

日本は、戦前の四〇年に陸軍航空技術研究所で、つづいて理化学研究所で原子力研究をはじめていたが成果をあげられないままに敗戦をむかえ、占領軍によってその研究を禁じられていた。しかし物理学者の武谷三男は「平和的な原子力研究は、原爆で死んだ人たちの霊をなぐさめるためにも日本人がおこなう権利がある」と主張し、公開を原則とする原子力研究を内外にうったえたのである。

そういうなかで国会議員の中曽根康弘は、五一年に来日するアメリカのジョン・フォスター・ダレス大使に研究解禁をうったえる手紙をかき、その効果があってか、講和条約に日本の原子力研究を禁ずる文言がはいらなかった、とされる（山岡淳一郎『原発と権力』ちくま新書）。

そこでわが国の原子力研究が再開され、茅誠司や伏見康治らの科学者が学術会議を中心にうごいたが、産業界や政府がのりだすにおよんで物理学者たちの多くは批判的になっていった。

このような学界の動きにもかかわらず、中曽根や岸信介らは原子力の研究開発を模索したが、初期のものは原発開発というより、潜在的核兵器保有能力の顕示にあった、といわれている（山本義隆『福島の原発事故をめぐって』みすず書房）。

ともあれ五四年に中曽根は、政争の空隙をぬって政府の原子力予算を成立させた。

日本社会に衝撃がはしった。

朝日新聞社副社長の緒方竹虎が政府の「原子力利用準備調査会」の会長に就任するにおよんで、日本テレビ放送網を立ちあげていた読売新聞社主の正力松太郎は原子力発電に意欲をもやした。そこで正力は五五年に政界入りし、戦後に九電力体制をつくりあげた「電力の鬼」松永安左衛門の反対をおしきって藤山愛一郎、石坂泰三ら財界人を糾合し、緒方に対抗する民間の「原子力平和利用懇談会」を発足させたのである。

さらにかれは「原子力利用準備調査会」が濃縮ウラン供与のための「日米原子力協定」の締結をきめるや、原子力の研究、開発、利用を促進し将来のエネルギー資源を確保するという「原子力基本法」を成立させ、五六年には原子力委員会を発足させてみずから初代委員長になり、五七年には濃縮ウランの受入れ先の原子力研究所を茨城県東海村につくったのである。

この正力の主導のもとに産業界も、五六年に東京電力の菅礼之助を会長に「原子力産業会議」をたちあげ、イギリスから黒鉛ガス炉の導入をはかったのであった。

このあたりまでは原子力開発は民間主導でおこなわれたが、やがてこれをみていた官も動きだした。戦前の国策会社の日本発送電が戦後解体されたあとにできた国の特殊会社の「電源開発」である。正力が九電力会社をひきいて民営主義ですすもうとしたとき、経済企画庁長官の河野一郎がそのまえに立ちはだかって待ったをかけたが、その背後には電源開発にかける役人たちの執念があっただろう。

そういうなかで、六〇年には東京大学工学部に原子力学科ができ、六一年に五十億円以上の損害がでたときは国が負担する「原子力災害の賠償に関する法律」がつくられ、六〇年代半ばにアメリカの軽水炉がイギリスの黒鉛炉などをおさえるにおよんで、日本は「原発ラッシュの時代」をむかえたのであった。

というふうにみてくると、いったいだれが原発開発をすすめたのか？

さいきん、日本の国の統治体制として、政界、官界、財界、学界それにマスコミ界をくわえた五角形の「ペンタゴン体制」がいわれるが、いまみてきた経緯からも、そういったことは指摘できるだろう。

だが、そのペンタゴン体制の政策を具体的な形にするのは国の法律であり、その法律を国会で成立させるのは政治家であるが、実質上、その「法律案」をつくるのはいつのばあいも役人である。「法律案」をつくるために役人による各界の根回しが欠かせないからだ。

であるから「ペンタゴン」といっても役人はいつも「まとめ役」の重席にあり、役人がいなければ「ペンタゴン」は作動しないのである。

東京大学教授を務めた政治学者の辻清明は、はやくから「明治いごの日本の政界には政治家以外の大きな政治勢力がある」ことを指摘していたが、それはこの日本の官僚であった。首相や政府与党がたびたびいれかわっても、産業界がどのようにうごいても、あるいは学者がどのようにうごかなくても、マスコミがどれほどさわいでも、官僚はつねに水面下にあってかれらを調整し、制御し、事実上、日本の国をうごかしてきたのである。

じっさい、最近でも経産省の役人たちは国家戦略担当相だった仙石由人をヴェトナムにゆかせて原発売込みを成功させている。

とすると「原発づくり」においても、最終的には「水面下における官僚の存在が大きかったのではないか?」とわたしはかんがえる。

官僚とはなにか?

そこで「官僚とはなにか?」「日本の官僚がいったいいつうまれたのか?」をかんがえる。

まず官僚と官吏の違いである。

官吏は一般に国家の役人をさす。国家の公的業務に従事する行政官である。今日、国家公務員といわれる。

なお国家ではなく都道府県・市町村の職員つまり地方公務員は、かつて公吏とよばれたがいまその称はない。以下、おもに官吏をついてのべる。

この官吏にたいする官僚は「政治の動きに影響力をもつ高級官吏の一群」(『日本国語大辞典』)とされるように、行政のみならず政治にまで口出しをする官吏だ。「政治的官吏」といっていい。

しかし、政治的官吏も官吏であることにはちがいない。そういう官吏はじつは日本にはむかしからあった。古くは飛鳥時代に各地の豪族が大王《おおきみ》(のちの天皇)に寄進した舎人《とねり》たちだが、奈良・平安時代にはシナの制度をとりいれた律令制下の官人たちがある。公家《くげ》といわれる。とうじの律令国家はこの公家からなる「官吏国家」だったのだ。

その公家のなかで位階が三位以上の者は政務をとる。うち左・右大臣などを「公」、大・中納言と参議を「卿」といった。ひっくるめて「公卿《くぎょう》」とよばれた。この公卿は政治にもたずさわったから官僚といっていい。その下にはおおくの一般官吏がいたのである。

ただしこれら公卿は個人の才能によってなったのではなく、とうじの豪族の力関係や家柄などによってその地位をえた点で、これからのべる近代官僚とはことなる。

このような律令制下の官吏は、班田収授による国有地式農業で人民をいわば「搾取」した。それをきらったおおくの百姓たちは都市などに逃げた。さらに荘園つまり私有地制の土地をつくりだしたが、そこには国の庇護がなかったため、自衛上、武力をもつサムライなるものが生まれた。

つまりサムライはこのような地域の守護者として登場したのである（拙著『西郷隆盛ラストサムライ』「はじめに」）。

ところがそれらサムライたちは地域守護のみならず、やがてより大きな地域の支配をめざして暴れだし、世は波乱万丈となった。だが最終的に織田信長、豊臣秀吉そして徳川家康によって収拾され、世は中世から近世へとうつる。

その家康がひらいた徳川幕藩体制下に「士農工商」という身分制がつくられて「士」なるものが登場した。それは武士にはちがいないがもはや平安・鎌倉・室町時代のサムライではなかった。それまでのサムライは生まれ育った地域の守護者だったが、士は幕府の旗本や私藩の藩士だからだ。かれらは生まれ故郷をはなれ、日ごろ城に出仕し、幕府や藩の職務に従事した「官公吏」である。その生き方は今日の役人となんらかわるところがない。つまりサムライが士という役人になったのだ。

そのばあい、家康はかつて競争したり敵対したりした外様大名はもちろん、親族の親藩大名も幕府の政治・行政にタッチさせなかった。かつての徳川家のサムライつまり「家康の使用人」である譜代大名のなかから老中や若年寄を任命して幕府の政治にたずさわらせ、また旗本・御家人を奉行や目付にして行政にあたらせたのである。

こうして徳川幕府はこれら「役人」によって運営され、二百六十五年の治をえたのであった。

「百姓は由らしむべし知らしむべからず」

さて、江戸時代になって世の中は平和になったが、社会全体としてはなお戦国時代の遺産である膨大なサムライをかかえていた。かれらの一部を旗本、御家人、藩士などに、つまり役人にしたものの、それぐらいではとうていおっつかず、幕府や藩はそれら武士の維持対策に苦慮した。

そこで幕藩体制下にあっても、かれらを小領主や武士兼百姓のままにおいたのである。地頭や郷士などだ。

いっぽう、藩士などで地域を監督する平侍も地頭とよばれた。かれらは藩の赤字財政をまかなうために百姓から苛斂誅求に年貢をとりたてたので「地頭に法なし」「泣く子と地頭には勝てない」などと怨嗟の声が山野にみちた。

そのような姿は、今日とあまりかわらない。現在でも警察官たちはあたえられたノルマにしたがってスピード違反をとりしまるが、そうしてとりしまられた人々が警察官にたいしていだく感情に酷似するからだ。じっさい、そのばあい警察官に口答えなどをしてはならない。ただひたすら謝らないとあとでひどい目にあう。「泣く子と地頭にはいまだに勝てない」のである。

しかしそういうことをつづけていると、やがて人民から手ひどい抵抗にあうだろう。じじつ、江戸時代の百姓一揆の数はものすごいものがあった。

そこで幕藩体制を創始した家康は、これら役人たちに政治の要諦をしめした。

百姓は由らしむべし、知らしむべからず、

である。「百姓・町人に政策などしめすな。すべて役人に従わせよ」だ。

もっともこれは孔子の『論語』の一節だが、孔子の生きた時代とちがって、江戸時代の民にはそうとうの教養があった。その教養ある民をおさえつける、という、これは官が主権をもち民を従わせる「官主民従」である。近世日本がうみだした世界に冠たる「愚民政策」といっていい。

この家康が企図した「官主民従」には、じつは前史がある。

信長が「戦争の荒廃を復興するために」さらには「公家や仏僧と京・大和の特権商工業者の座との結合を断つために」永禄十年（一五六七年）ごろから交通至便の土地などで楽市楽座をはじめたことだ。それはいわば「公商分離」「僧商分離」だったのだ。公家や仏僧から商人を切りはなし、武士の監督下におくものなのである。

さらに信長自身も従来の山城から平城にうつり、領国内に散在していた家臣団を都市にかきあつめて領国経営に従事させる「給人」にしてしまった。のちの藩士である。今日の「公吏」だ。現在のサラリーマンの原型はここに発する、といっていい。

つづく秀吉はさらに信長の方向をおしすすめた。天正十六年（一五八八年）ごろから郷村で「刀狩り」なるものをおこなって「兵農分離」つまり百姓と武士とをはっきりわけてしまったからである。

家康もそういう流れをうけつぎ、それまで各地で「何でもやっていた」サムライたちを将軍や藩主の領国内にかこいこんで「士農工商」のいずれかの身分にはりつけたのであった。その「士農工商」なかでは、その序列がしめすように「官主民従」が徹底された。

しかしその身分制のなかには、もはや「公」や「僧」はない。かれらは信長によって座の商工業者との結合を断たれ「叡山焼討ち」「石山本願寺落城」「大名の城下町経営」などによってすでに息の根をとめられていたからである。ために公や僧は「士農工商」のなかにすらいれられず「士農工商」以外の社会の役にたたない「遊民」とされ、ネズミとさげすまれたのであった（『可笑記』）。

つまり、さきの「官主民従」も家康の創始ではなく、信長の「僧商分離」や秀吉の「兵農分離」につづく「愚民化の歴史」の一頁であったのだ。

ところがその「愚民化政策」も、じつはかならずしもかれらのおもうようにはいかなかった。さきの農民一揆の多発もそうだが、それだけではない。百姓・町民たちのあいだに澎湃として教育熱がおきてきたからだ。

というのは、江戸時代におおくの村々・町々は、金をだしあって寺子屋を経営しはじめたからである（渡辺尚志『百姓の力』柏書房）。そのおり商人との結合を断たれたおおくの僧たちはその学識をもって師に採用された。そうして僧は庶民とむすびついたのだ。寺子屋の数は最盛期には全国で三、四万にもたっしたというから、人口千人に一つあったことになる。密度だけでいえば今日の小学校の四十倍にもあたる。

そのけっか日本の庶民の識字能力はとうじ世界最高のものになった。そういう庶民の教育熱の高さが、やがて明治維新をひきおこす導火線になっていった、とわたしはかんがえる。その詳細はのちにのべる。

しかし、そういう「情報閉鎖、役人依存」という江戸役人の「官主民従」の治世は、さきにみたように今日の公務員の体質にもひきつがれているのではないか？　こんどの大震災で「庶民の知りたい情報がなかなかしめされない」のも、家康の「百姓は由らしむべし、知らしむべからず」そのものではないか、とおもわれるからである。

もちろん、今日の役人の制度はこれからのべる西欧の影響をたくさんうけているが、しかしその体質は江戸時代と基本的にかわりはない、とわたしはみる。

そういう意味では今日もなお江戸時代、つまり「後期江戸時代」といっていいのである。

武士官吏から「天皇官僚」へ

ではこの江戸時代の官吏と、明治いごの「近代官僚」とはどうちがうのか？

まず近代官僚なるものは十八世紀中葉のフランスにはじまる。

ルイ王朝下で歴代の国王がたびたび戦争をおこなったけっか、膨大な戦費がかさんで国家財政は破綻においこまれた。そこでそれをたてなおすために経済官僚が登用されたことに起因するからだ。

そのときにうまれた bureaucracy（官僚制）ということばは、役所をあらわすフランス語の bureau と、支配をあらわすギリシア語の kratia の合成語である。そのビュロクラシーによってルイ王朝の経済官僚たちは従来の貴族支配をなくし、近代官僚という名の国家による専制支配体制を確立したのであった。

それが、十九世紀初頭のプロシアでさらに発展した。プロイセンという国は稀代の英雄ナポレオンに敗れたが、その敗れた国家を立てなおすために、とうじ改革官僚とよばれたカール・シュタイン（一七五七〜一八三一）らがたちあがった。かれらは従来の国王の官房統治にかわって官僚でかためた内閣なるものを確立し、官僚国家の骨組をつくりあげたのである。そうして官僚がかためた政府を人民にたいする「新たな牙城」にしていったのであった。

この「新たな牙城」について、ドイツの社会学者マックス・ウェーバー（一八六四〜一九二〇）は、それまでの封建的な家産官僚にたいし専門制・分業制・合議制・統率性・公正性などの特質をもった「合理的で、国を統治する新たな力をもった行政組織」として高く評価したのである。従来の王政や貴族政にかわる新たな政治制度の出現といっていい。

近代官僚の登場である。

明治のはじめに「岩倉使節団」の副使として独仏を視察した薩摩出身の政治家の大久保利通（一八三〇～七八）は、フランスやプロイセンでこれらの制度をまなんだ。そしてその制度を日本にもちかえって新しい官僚制をつくりあげた。「有司専制」とよばれた日本の近代官僚である。

その有司専制という新たな国家官僚の拠点として大久保は内務省をもうけ、自身が内務大臣になった。そして律令制を志向していた太政官制をあらため、幕藩体制を死守する旧藩主を排し、朝野にはびこる藩閥政治をおさえ、有意な人材をとりいれて廃藩置県いごの「国家体制づくり」をすすめたのである。

これにたいし大隈重信らの肥前閥はそれまで英仏流の官僚制を志向していたが、現地で新しい情報を仕入れてきた大久保にかなわず、大隈は、いご大久保の属僚のような立場においこまれたのであった。

さらに大久保がヨーロッパからもちかえったこの近代官僚制は、どうじに中央集権制でもあった。というのも近代官僚制はそれまで貴族がもっていた地方権力をおさえ、かわりに国家への集権を導入するものだったからだ。つまり近代官僚制は、貴族という地域土着の権力に対抗する国家権力の「装置」だったのである。近代官僚制と中央集権制という二つのものは一つの盾の裏表だった。いご近代官僚制と中央集権制は、たがいに補完しあいながらわが国に定着していったのである。

ために、山や海が複雑にいりくみ、人間の生活空間が細かくわかれ、かわりに山野河海をつうじる交通路が何重にも発達したこの国土にみあう千年、二千年あるいは一万年のあいだにつくられた地方分権ネットワークである「クニ・郡・国・藩」などといった日本の地域政治体制はここにきて崩壊の運命をたどらされたのである。

いっぽう大久保は天皇と官僚の共治体制をかんがえた。明治維新において「天皇」が国民にはたした役割の重大さを知ったからである。そこで内務省の支配体制を確立するとつぎに宮内大臣を志向し、天皇を「近代官僚」の統率者として日本の政治にくみいれることをかんがえたのであった。

しかし大久保は志半ばで暗殺された。

そのあとかれの路線をひきついだのは伊藤博文（一八四一～一九〇九）であった。かれがつくった明治二十二年発布の憲法第十条には「天皇ハ行政各部ノ官制及文武官ノ俸給ヲ定メ及文武官ヲ任命ス」とある。ここに西欧式近代官僚を天皇がひきいる「天皇官僚」が出現したのである。

しかしその天皇官僚には、さきにのべた江戸時代の「官主民従」という体質がなお根強くのこっていた。

すると日本近代官僚制というものは、江戸時代につくられた官主民従という「封建的な体躯」

に、専門制・分業制・合議制さらに統率性・公正性という資質をもつヨーロッパ近代官僚の「合理的な骨格」をぶちこみ、その上に律令制いらいの天皇親政という「帝王の頭」をのっけたものだったのだ。

そういう不可思議な「統治主体」がさきに辻が指摘した政治勢力、すなわち江戸時代の「武士官吏」のあとをついだ明治の「天皇官僚」だったのである。

ペンは「新しい刀」

というと「あとをついだ、といっても〈サムライ官吏〉は刀をもっていたが〈天皇官僚〉にはそれがない」といわれるかもしれない。

たしかに明治の官吏はもはや武士ではない。つまり刀をもたなくなったが、しかし替わりのものをもった。それは新しい官吏たちがたいてい「帝国大学」の卒業生であったことをみるとわかる。つまりかれらは武士ではなくなったが「学士」になったのだ。かれらは刀のかわりにペンをもったのである。

では帝国大学とはなにか？

このような学士を教育するために、政府は東京大学つづいて帝国大学なるものを各地につくった。そして欧米から大量の外国人教師をやといいれた。さらにそのお雇い教師に教育された若者たちがまた「帝国大学教授」になり何百という学士をそだてた。なかに夏目漱石のように、海外に留学して西洋の学をまなんで帝国大学教授になった人もいた。

かれら帝国大学教授が学生におしえたものは、一口にいって西洋学だった。その基本はさきの「地震予知」のところでのべたデカルティズムである。「科学知」だ。というのも産業革命のさなかにあった欧米の十九世紀の学問世界はそういう近代知で沸きたっていたからだ。

明治政府も、少数の中央集権官僚で多数の人民を統治するために一般的法理論とそれを具現化した数多くの法令とを必要としていたから、理論というものを根幹におく「近代知」をよろこんでうけいれた。

そこで日本のわかき学徒たちは、それらをむさぼるように摂取した。かれらは毎夜「デカンショー、デカンショーで半年暮らす」などと歌った。デカルト、カント、ショーペンハウエルという西洋近代哲学者の名の「頭」だけをくみあわせたものだ。

それはともかく、そういうわけで帝国大学では、日本の伝統的な「現場知」はほとんどおしえられなかった。明治以前の日本の学問は、日本史や日本文学などの一部をのぞいて一顧だにされなかった。それをわたしの専門の建築学でいうと、大学ではレンガや鉄やコンクリートの理論とその計算法はおしえられるが、日本の木構造の技法などはいっさいおしえられないのである。

帝国大学の教授たちはそういう「近代西洋学」を学生たちに教授した。こうして「デカルティズム理論」を叩きこまれた帝国大学の卒業生たちは、さきの「天皇が官制をさだめる」という各省庁に登用されていったのだった。

ここに「天皇官僚」なるものの実体がうまれた、といっていい。

そういう近代西洋学で武装した学士たちは、行政のいろいろな分野であらゆることを理論的、網羅的、かつ、計量的におしすすめた。ペンをふるって近代法令をつぎつぎにつくっていったのである。

それはたとえば建築法令をみるとわかる。その細かさ、精緻さ、体系性、普遍性は世界の法令のなかでも比類がない、といわれる。そうしてつくられたけっかの建築や都市がどう評価されたかはのちにのべるとして、そういった法体系が天皇官僚のつくりだした具体的成果であったのだ。ペンは、天皇官僚にとって「新しい刀」となったのである。

スエズ運河封鎖で日本が変わる

この明治につくられた天皇官僚制は、第二次世界大戦の敗戦ごも生きのこった。

軍閥や財閥が解体されたのちも、アメリカは天皇とともに官僚を無傷のままにのこしたからである。日本進駐軍総司令官のダグラス・マッカーサーは「天皇制と官僚制を解体すると日本社会が壊滅するのではないか?」とおもったからだろう。

ところが生きのこった天皇官僚は、敗戦後十一年目にしてとつぜん大きく変貌した。わたしはちょうどその現場に居あわせたので、その状況をヴィヴィッドにおもいだすことができる。

私事になるが、わたしは一九五六年（昭和三十一年）四月に大学・大学院で建築学を修了したのち建設省にはいった。建設技官という辞令をもらい配属先は住宅局だった。社会人の第一歩である。いまから五十六年まえのことだ。

さてその年に大事件がおこった。

汎アラブ主義をかかげるエジプト自由将校団のリーダーのガマール・アブドゥール＝ナセル少佐（一九一八〜七〇）が、六月にエジプト大統領になると、かねてから不満におもっていたイギリス軍のスエズ運河の駐留を排除するために翌七月にスエズ運河の国有化を宣言したのである。

これに憤激した英仏軍がイスラエルとかたらってエジプトを空爆したところ、ナセルはスエズ運河に船をしずめて通行を不能にしてしまった。第二次中東戦争の勃発である。

だがこのスエズ運河の封鎖のおかげで、一時的にせよ世界の石油の流れがかわった。おおくのタンカーはスエズ運河を通らずにアフリカの喜望峰をまわりだしたからだ。

というのも、世界のオイルの一大生産地はイラン、イラク、クウェート、サウジアラビア、アラブ首長国連邦などの国々のあるペルシャ湾である。そこからオイルはスエズ運河、地中海、大西洋をとおってヨーロッパやアメリカにはこばれる。そしてニューヨークのオイル市場でその値段がきまる。

なぜニューヨークのオイル市場でオイルの値段がきまるのか、というと、それはオイルの大消費者がアメリカの重化学工業とアメリカのドライバーたちだったからだ。

そしてそのオイルの値段はニューヨークの西三百キロメートルにあるアパラチア山脈の油田のオイルの井戸元価格と輸送費できまった。そのアパラチア油田のオイルの値段はおなじくアパラチア炭田の石炭の値段できまった。石炭の値段はそこで働く労働者の労賃できまった。これに反し石油採掘には労賃がほとんどいらないから、それ自体の値段はなきにひとしいのである。

するとイラン、イラクなどの産油地の井戸元価格は、ニューヨークのオイルの値段からニューヨークまでの運賃をさしひいた金額になる。

ようするにニューヨークのマーケットの値段が絶対であり、それにたいして中東の井戸元のオイルの価格などはなきに等しいのだ。パイプ一本ほればオイルが湧きだすからだろう。であるからタンカーがスエズ運河をとおれず喜望峰をまわるとなると運賃が上がり、その分、産油国の井戸元価格は下がる。

そこで産油国はなんとか運賃を下げようとしてオイルをつんだおおくのタンカーを喜望峰をまわらせずに、逆方向のインド洋、太平洋をとおってアメリカの西海岸へゆかせたのである。あとはパイプラインでアメリカ東海岸にはこぶのだ。

するとそのオイル輸送の途中にある日本のオイル価格は、ニューヨークのオイルの値段からニューヨーク―日本間の運賃をさしひいた値段になり、オイルの価格が一挙に下がってしまったのである。

日本社会に、とつぜん安い石油がジャブジャブはいりだした。世はふってわいた「石油ブーム」に騒然となったのであった。

予算の分捕りから「パイの拡大」へ

この「オイル・エージ」の到来で日本の経済と社会は一変した。

わが国は、昭和の敗戦（一九四五年）のあと一九五四年（昭和二十九年）ごろから朝鮮戦争の後始末の特需で「神武景気」といわれる好景気にわいていた。そうして一九五五年にほぼ戦前の経済水準にもどった。一九五六年に経済企画庁は「もはや戦後ではない」という有名な経済白書を発表している。高度経済成長の第一弾である。

ところがその好景気が終わったあとに、突然、このオイル・エージがおとずれた。するとエネルギー源がなにもかもそれまでの石炭から石油にかわりだした。ために日本中の企業が新たな設備投資をはじめた。投資が投資をよんだ。「岩戸景気」（一九五八〜六一年）とよばれる好景気になった。高度経済成長の第二弾である。

それとともに日本は一挙に「自動車社会」に突入したのであった。

それに目をつけたのが建設省の官僚たちである。数年まえに建設政務次官をしていた田中角栄がつくった「新道路法」や「道路整備特別措置法」などを活用して、大蔵省を経由しないで直接建設省にはいる特定財源のガソリン税をフル回転させ、高速道路をはじめとする各種の道路を大々的につくっていったのである。

この道路整備はまた自動車ブームを加速させた。するとまたガソリン税が飛躍的にのび、その結果またまた道路整備がすすんだ。

日本の各官庁は明治いらい予算面で大蔵省に牛耳られつづけてきた。じっさい、毎年の各官庁の最大の仕事は大蔵省にたいする次年度の概算要求にあった。役人たちは六月から十二月までの半年間、ほとんどこの概算要求の資料づくりに明け暮れた。

それが変わったのである。

そのころ霞が関でさかんにかわされたことばは「予算分捕り合戦をやめてパイを拡大しよう」であった。つまり、いままでのような予算分捕り合戦で大蔵省に牛耳られるのでなく「各省各局の所管する仕事のなかからパイというおいしい洋菓子つまり新しい財源をみつけてきて新しい税金とし、GDP（国内総生産）を一挙に拡大しよう。そうして自分たちの存在価値を大きくしよう」というのである。建設省にはいりたてのわたしまで、上役から「なにか新しい仕事をみつけてこい」と尻をたたかれる始末だった。

ここから霞が関の各官庁に「GDP至上主義」がうまれた、とわたしはおもう。日本の官僚が大きく変わるきっかけを、オイル・エージがつくりだしたのであった。

天皇官僚が「経済官僚」になった

わたしが建設省にはいった年に、東京駅前に大阪の百貨店の大丸がオープンして話題をよんだ。わたしもそのとき建設省にはいったのだが、大阪出身の役人などというのはとうじの住宅局にいなかったためか、わたしにつけられたニックネームは「ダイマル」だった。

またそういう大阪出身のわたしを、周囲の役人はパンダでもみるかのように好奇の目でみた。霞が関ではよほど大阪人が珍しかったようだ。

なかに、わたしを洗脳しようとした先輩がいた。それも一人や二人ではない。

ある係長はいった。「上田君。役人の使命はなにか知っているか?」「国家のために奉仕することではないんですか?」そのわたしの答えにたいしてかれはいった。「悪徳商人から善良な百姓を守ることにある」。びっくりしているわたしにかれはたたみかけた。「その悪徳商人の最たるものが〈上方の贅六〉だ!」

上方の贅六とは、江戸時代につけられた大坂商人の仇名である。政治の中心が江戸にあったのにたいし経済の中心は大坂だったが、その経済による大坂の繁栄をさげすんで江戸の武士がつくったことばだ。

わたしはあっけにとられた。「霞が関はいまも江戸時代か！」

百姓といい、悪徳商人や上方の贅六といい、それらは「士農工商」の「農」と「商」である。するとと役人は「士」だ。つまり江戸時代の「士農工商」が二十世紀のいまも生きているのである。

またべつの係長はわたしにこう質問してきた。「皇居をどうおもう？　上田君」。「皇居って……いいじゃないですか？　緑があって」とわたしはこたえた。その先輩はいった。「あれは住宅公団の団地にすべきだ」。「……団地？　天皇をどうするんですか？」先輩はいった。「京都に帰っていただく」。

わたしは腰をぬかさんばかりにおどろいた。それは明治維新以前の姿に逆戻りすることではないか。わたしは日本の役人を〈天皇官僚〉とばかりおもっていたが、じつはいまなお〈武士官吏〉だったのだ。

とうとうおもいあまって、あるときおおくの若い官僚から兄貴のごとくしたわれている硬骨漢の課長補佐にたずねた。「役人ってなんですか？」かれは天をみあげながら一語一語噛みしめるようにいった。「乏しきを憂えず、等しからざるを憂う」。そしてこうつけくわえた。「俺の説がうけいれられなければ、いつでも故郷にかえって百姓をやる」。

わたしも大学では少々学生運動をやった男である。それもかなり過激なことをやった。「よくぞ建設省が採用してくれた」と内心感謝していた。そのわたしはそのときおもったものだ。「霞が関がこんなに左翼なら、学生運動なんかやるんじゃなかった。役人にまかせておけば日本はよくなるんじゃないか」と。

もちろん、わたしにそういう説教をした役人は建設省の一部のサムライだった。大多数の役人はあたえられた国家の職務に忠実にはげむ公務員にかわりはなかった。わたしのいう「天皇官僚」である。だが、なかに「こういうサムライがいる」ということにわたしはカルチャー・ショックをうけた。

ところが、である。

その役人たちがそれから変わりだしたのだ。

わたしが在籍していた前半、すなわち一九五六年から六〇年ごろまでは、建設省内あるいはわたしが所属していた住宅局内ではさきのような話がまかりとおって不思議ではなかったが、それ以降になると、役人たちの関心はしだいにさきの「パイの拡大」の方向にむかっていったのである。

その証拠といっていいかどうか、わたしが役人をやめて大学教師になって十五年ほどたったある日のこと、わたしは建設省の役人たちの同窓会に出席した。そのとき、昔はなかった第三セクターすなわち官民出資の各種機構、協会、センター、さらには民間大企業といったところに就職したたくさんの先輩後輩たちから、山のように名刺をもらってわたしは当惑した。

するとと住宅局長になった後輩の役人が、わたしに近寄ってきて誇らしげにいったものである。

「上田さん。むかし、われわれの課長ポストは三つしかなかったが、いまは七つもあるんです」。

わたしは内心おもった。「そうか！　武士官吏や天皇官僚だった役人は、とうとう〈上方の贅六〉になった、つまり〈経済官僚〉になったのだ」と。

「ペンタゴン」の馬車

話はさきのオイル・エージにもどる。

それはたんに建設省や通産省などといった省庁を活気づけただけではなかった。日本社会の構造変革にまでおよんだのである。

とうじ巷では「石炭よサヨウナラ、石油よコンニチハ」などということばがもてはやされた。石油が出現したために、それまでの日本の主たるエネルギー源だった石炭は、高くて、非効率的で、煙害などをひきおこす非衛生的なものとされ、だんだん姿を消していったのである。

石油の登場により自動車産業、機械工業、建設業、発電業などは活気づいた。それにたいし炭鉱業、鉄道業、海運業などは落ち目になっていった。

とりわけ炭鉱がいちじるしかった。かつて花形だった北九州の三池炭鉱や北海道の夕張炭鉱などがつぎつぎに閉山していった。さらに国鉄つまりいまのＪＲも大きな痛手をうけた。機関車が役立たずになったからだ。デゴイチが惜しまれて姿をけしたのもそのころである。

なかでもいちばん大きな痛手をうけたのは、石炭を直接あつかう炭鉱労働者だった。さらに国鉄の機関車労働者つまり釜焚きだ。石炭の没落とともにかれらも職をうしなっていった。

こうして炭鉱労組や国鉄労組が解体あるいは衰退していったが、すると、かれらを最前衛とする日本の労働戦線も大打撃をうけた。一九五五年に共産党をのぞく日本社会主義政党が合同して日本社会党が生まれたが、発足早々にこういうオイル・エージにぶっつかって炭労・国鉄の二大労組は脱落し、社会党そのものも左右の路線対立をふくむ長い、そして深刻な低迷時代にはいっていったのであった。

いっぽう社会党の合同に脅威を感じた保守政党は、その年に保守合同して自由民主党をつくった。

そうして世は二大政党の対立時代にはいった。しかしこのオイル・エージに遭遇するや自民党は活気づいた。官僚たちが財界人と手をむすんで国政にのりだし、パイ拡大をめざす「高度経済成長」を演出しだしたからである。自民党はかれら経済官僚のうえにのっかって、いご長期支配態勢を確立することができたのであった。

こうして日本の統治機構として自民党・財界・官僚という三者の連携ができあがった。政・財・官のいわゆる「鉄のトライアングル」である。

この「鉄のトライアングル」に、さらに学界、マスコミ界をくわえるとさきのペンタゴンとよばれる日本の統治体制になるが、それを馬車にたとえるとこうだ。

国家を「馬車」だとしたら、GDPは「馬」で、国民はその「馬車」にのっている「ご主人」である。ご主人は「御者」として政治家を雇いいれる。

いっぽうエネルギーつまり「秣《まぐさ》」は、財界人つまり「秣商人」がつくるが、それを発注するのは官僚すなわち「馬丁」である。その馬丁は馬を大きくして馬丁仲間をふやそうと、学者すなわち「獣医」と相談し、マスコミすなわち馬車の屋根の上の「楽隊」に景気よくラッパをふかせて、秣を「木炭」「石炭」「オイル」から、とうとう「原子力」にかえていったのである。

すると新しい秣をあたえられた馬はどんどん肥大化し、猛スピードではしりだした。「高度経済成長」そして「バブル経済」である。

ところが御者席の御者は、仲間と喧嘩してつぎつぎに交代し馬を御するどころではない。ために、馬車は暴走していまにも転倒しそうである。

そういういきさつを、座席のご主人はハラハラしながらながめている。

わが国の政・財・官体制、さらに学・マスコミ体制をくわえたペンタゴン政治による「原子力開発」をたとえると、そんなふうにいえないか？

注目すべきは、国家つまり馬車をうごかすものは、日本では最終的には馬丁であることだ。御者が事実上不在であれば、馬は馬丁の秣しだいでうごくからである。

じっさい、さきにみたように徳川幕府を運営した人々もすべて将軍の「使用人」つまり馬丁だった。徳川政権が二百六十五年つづいたのも、親藩大名や外様大名などの権力者や実力者を排して、すべてを「士」つまり役人である馬丁にまかせたからである。

そういう馬丁たちは将軍に忠実だった。

すると、馬丁が馬丁仲間に忠実でなく、国民に忠実になれば世の中はうまくいくのかもしれない。さきにわたしに説教した建設省の先輩たちの言だ。かれらは百姓をまもるために、上方の贅六も、また天皇でさえも否定したのである。

そんな思いが、ふとわたしの頭をよぎる。

「費用便益比率」が金科玉条に

よかれあしかれ、そういう資質をもった日本の役人は、さきにのべたように一九六〇年すぎごろまでは明治いらいの天皇官僚だったが、オイル・エージを契機に高度経済成長が加速すると、いご、しだいに経済官僚にかわっていった。各種政府委員会に財界人や産業人がはいってきて「産官癒着」といわれる体質が常態化し、いっぽう役人の天下りは日常茶飯事になっていったのである。

それはどうじに、かつての天皇官僚がもっていた役人の矜持がうしなわれていったことを意味する。

がんらい江戸の役人は、役人の矜持を強力にもっていた。江戸の役人がどんなに落ちぶれても「三井や鴻池の番頭になる」などということがたえてなかったことをみてもわかる。

明治の役人もまた、定年になったら恩給をもらって故郷に錦をかざり隠棲した。なかに過去の行政経験を生かして市町村長などになったりしたが、たいてい無給で奉仕した。

第二次大戦ごの役人は、一九六〇年ごろまではさきにみたように、まだそういう矜持も気風もあった。

しかし戦後、役人の給料が低くすえおかれたことと、恩給も国民年金の普及にあわせて縮小化されたことなどから、かれらの現在・未来の生活に希望がもてなくなった。それがかれらを経済官僚にはしらせた大きな社会的要因ではなかったか、とわたしはみる。

じっさい、おもいだしてもわたしの役人時代の生活はひどかった。

給料日前はいつも質屋通いである。わたしのまわりの役人も、そのころはみな時計をもっていなかった。みな質屋行きだからだ。いつも女子職員に時間をきいていた。

初任給は八千九百円、手取りで八千円を切れる。そのうえにたびたびの遅配、ときに半額ずつの支給のときもある。とうじラーメンが五十円、いまそれが五百円ぐらいだから物価が十倍になったとすると、いまの八万円相当の給料だ。

わたしのまわりの役人たちは昼の休憩時間はたいてい碁、夜は麻雀ですごした。それしか金をかけずに青春をすごす方法がなかったのである。

しかし六〇年すぎごろから、役人のあいだでしだいに「BバイC」ということばがはやりだした。「ベネフィット・バイ・コスト」である。つまり「どれだけ費用をかけたらどれだけ便益がえられるか?」という比率に人々の目が集中しだしたのだ。

そのけっか、役人の行動はすべて「BバイC」ではかられるようになった。高い「BバイC」を達成した役人ほど出世していったのである。

しかし、物事は「BバイC」ではかられるような効率性、まして経済性がすべてではない。デザイン性や安全性といったことも大切だ。

だが役人としての矜持がうしなわれると、役人は他人のことも未来のことなどもあまりかえりみなくなった。「なにごとも自分が大事、現在がすべて」とおもうようになっていったのである。

そのけっか、すべてに効率性や経済性が優先され、デザイン性や安全性は二の次になった。「効率性・経済性」だけが役人の金科玉条になっていったのである。

日本に本格的「経済官僚」が登場したのだった。

原発を効率的・経済的なものにする

原発設置は、このような経済官僚の出現と関係があるようにわたしにはおもえる。

じっさい「日米原子力協定」と「原子力基本法」ができたのが一九五五年、それにもとづき総理府に「原子力委員会」ができたのが翌五六年、こうして諸般の準備ができたうえで六一年にいたって、さきにのべた「原子力災害の賠償に関する法律」がうまれ、九電力会社がいっせいに原発事業に参入した。

それはさきにみたように、わが国に高度経済成長がはじまった時期とほぼかさなる。そして「基本法」にはじまり「賠償法」で完成するその六年間の「原発基礎づくり」の歩みは、きわめて順調だった。

ところがその六年間の日本の政治は、内閣が鳩山、石橋、岸、池田と四回もかわるなど熾烈をきわめた。

それらの首相はみな自由民主党員だったが、がんらいの出身は旧民主党系、旧自由党系とことなるうえに、個人の思想信条も親ソ派、親中派、親米派などとこれまたちがっていて、政策的にも大きなへだたりがあった。

にもかかわらず、その間「原発だけが推進された」ということは、さきにみたように、表面的にはいろいろ確執があったとはいえ、水面下でそれをささえる強力な態勢があったからだろう。じっさい、とうじ原子力関係者のあいだでは、かならずしもすべての人々が原発設置に賛成ではなかった。学者の意見も大きく割れていた。

にもかかわらず、原子力委員会のメンバーはもちろん、原子力安全委員会のメンバーまでもが「原発は安全」という原発推進論者の学者ばかりで構成されていた。

それを任命したのは総理府総務長官だが、その人選をおこなったのはみな担当の役人である。なぜなら、それが「霞が関の慣例」だからだ。

ということは、さきにのべたように経済官僚になった役人たちがパイの拡大方針から「GDPを高めるためわが国に原発設置が必要」とし、原発推進論者を糾合してその推進をはかった、としかかんがえられないのである。

そうして官僚の紐つきになった「御用学者」と官僚のマスコミ操縦術とによって「原発は経済的で、かつ、効率的」と宣伝されて、しだいにそういうイメージが日本社会に定着していった、とおもわれる。

じっさいこのごろのテレビを見ていると、ときどき今回の放射能被曝によって人っ子一人いない廃墟となった福島県下の各都市がうつしだされるが、しかしそこにはあいかわらず「原子力、明るい未来のエネルギー」という大看板だけがいまも立っていて痛々しい。

「ガリ、チン三年、ナメ八年」

このように「原発は最終的には官僚によって推進された」とわたしはかんがえるが、だからといって、さきにものべたように官僚がすべてをやったわけではない。そこには政治家、財界人をはじめとするおおくの人たちがいたのである。さらにそれが軌道にのってからも、かならずしも「官僚独裁」ではなかった。

さきに官僚を馬の世話をする馬丁にたとえたが、しかし馬丁は馬車を主導はしても独裁はしない。御者や秣商人、獣医、楽隊などと連携をとりながらやっている。

そういう現実を、わたしは役所で具体的に経験した。

ふつう「霞が関の官僚」というと、どんなエリートか、とおもわれるだろう。

たしかにわたしがはいったとうじ、まわりはおおかた東大卒で、しかも国家公務員試験という難関を突破してきた秀才ばかりだった。しかし、そうしてはいってきた優秀なかれらにあたえられる仕事は、とうじ「ガリ切り」だったのである。

ガリ切りというのは、いまのように便利な複写機やパソコンなどがなかった時代に資料を大量にコピーするほとんど唯一の道具である。ガリ版というヤスリの鉄板のうえに油紙をしいて、その油紙に鉄筆で文字を刻みつけ、そのあと謄写版にかけて大量に刷る。

もちろん邦文タイプライターというものもあったが、それは最終の決定文書を仕上げるときだけ専属のタイピストがうつものである。

ところが霞が関というところは、あけてもくれても大量の紙が弾丸のごとく乱舞交錯する世界である。それらはすべて何百何千という「政策資料」だ。しかもみな部外秘である。

したがって、それらマル秘資料の印刷を外部に発注するわけにはいかない。内部の人間がやるしかない。しかし下級職員や女子職員にはやらせられない。マル秘であるうえに、文句もいわさずに残業・徹夜をしなくてはならないからだ。

であるからエリートといえども新入役人の仕事は、大学の入試問題などを印刷する刑務所の囚人とかわりはなかった。役所の資料は外部にいっさいもちだせず、さらに残業・徹夜を強いられたからだ。大蔵省から予算原案の内示がある前後一週間などは、毎夜、泊まりこみでガリ切りをおこなった。

だから役人はいつも手ぶらで出退勤した。大蔵省へ説明にゆくときや、法律原案をつくるために法制局通いをするときなどは資料を風呂敷につつんだ。そのときだけは資料の持ちだしをゆるされたが、みな風呂敷包みだった。カバンをもっていないからである。霞が関界隈でカバンをもっていない人間はみな役人といっていい。

そうして係員をつづける三年ほどの間は、ほとんどそのガリ切りだった。その中身はたいてい縦横に数字のならんだ表づくりである。霞が関の政策資料はほとんど数字だからだ。

もちろん、そんなガリ切りの仕事を若者がよろこぶはずもない。ときに上役に文句をいうといつもたしなめられる。「ガリ切りしながら政策をおぼえろ」。しかしそれは無理というものだ。ガリ切りをしているときにその内容なんかみておれない。数字の一つ一つを間違えないか、縦横の数字があっているかどうか、ばかりを気にしている。やっと間違いなく油紙に刻みおえて、印刷して、上役にとどけて、ほっとしたとき、ちょっと資料に目をやるぐらいだ。「俺はこんな仕事をしていたのか！」

あるときわたしの叔父が大阪からわたしの職場にやってきてわたしのガリ切り姿をみて、かえってから親戚中に「アツシは建設省で丁稚をやっている」と吹聴した。おかげで親戚のあいだでわたしは「建設省のデッチ」になってしまった。

係長になると、やっとガリ切りから解放された。

だが、かわって待っていたのは手動計算機だった。ドラム状の回転機に掛けあわせる数字をうちこんでハンドルを手でまわす奴だ。そしてチンと音がなったら答がでる。係員は「ガリ切り要員」だが、係長になると「チン要員」になるのであった。

それを三年ほどつづけて課長補佐になると、課長の指示でやっと政策原案をつくらされる。ただし、テーマにもとづいてかならず三案つくらなくてはならない。それら三案を課長にみせる。課長はわたしの説明をきいたのち、だまって懐にいれる。そして数週間、ときに数カ月たってやっと方針がでる。「C案でやれ」。

すると課長補佐は係長や係員を指揮して「C案が他のどの案よりもすぐれている」内容の資料を思案のかぎりをつくし、はては鉛筆をナメナメつくる。「鉛筆をナメル」とは、資料がないときに役人が勝手につくりだす架空の数字をいう一種の「霞が関用語」である。そして上役からしばしば「またナメタな?」などと叱られる。しかし鉛筆をナメナイと答えがでないことだってある。

そういう課長補佐は、すると「ナメ要員」なのだ。

では「課長は方針を出すまでなにをしていたのか?」というと、課長補佐のつくった案をもとに、局内、省内、霞ヶ関内、政府内、さらには政界、財界、産業界、学界、地方の有力首長などと根まわし、つまり意向打診をしていたのだ。それもたいてい正式の会合ではなく、同窓会、県人会、政界、業界、学界などのさまざまの寄合や、夜の宴会、休日のゴルフ場などの非公式の場においてである。「どの案がいいか?」ということについて。

そうしたあげくにまとまった課長の答というのは、じつは日本の各界の指導者たちの総意であった。そこでネゴシエーションができれば、あとの正式委員会などはその追認でしかない。

なんのことはない、課長は「政治家」だったのだ。

そこでわたしたちチンピラは、果物のなる期間の俚諺である「桃栗三年、柿八年、梅はすいすい十三年」をもじって「ガリ、チン三年、ナメ八年、ボウフリホイホイ十三年」といったものだ。ボウフリとはゴルフのことである。

それが霞ヶ関の役人の一生だった。

ともあれボウフリ族、つまり霞が関の高級公務員である課長、局長、各種審議官、次官といった人たちは、局内外、省内外をとわず、年中このようにプライベートに協議し、さらに政治家、知事・市長、経済人、学者たちと話しあい、そのうえで政策決定をする「政治家」なのである。その数は霞が関全体で二千人に近いだろう。

いっぽう、その下の課長補佐・係長・係員は、今日、総数二万人をこえるか、とおもわれるが、かれらはこまかな専門と部署にわかれて、政府という巨大なシンクタンクで執務する「調査マン」である。

ただし調査マンといっても、総計六千人といわれる課長補佐は、みな平均二・五本の法律の施行つまり国の事業の執行者・監視者であり、事業をおこなう全国都道府県・市町村あるいは民間諸団体の数十、数百の担当者たちとしょっちゅう情報交換をしている。ときには現場におもむく。まさに行政の鬼といってもいい専門家である。

わたしは国家公務員を十年、三つの大学の助教授・教授を三十五年つとめたが、わたしの実感では「学識経験」という点では、大学教授が束になっても霞が関の一課長補佐におよばない、とおもう。

であるから霞が関の役人たちもまた、大学教授を八百屋のカボチャなみにしかみていなかった。「どれも一緒だ」ということである。蔭ではみな「学識未経験者」とよんでいた。かれらは委員会をつくったときのお飾り人形にすぎないものである。

にもかかわらず学者たちが役人に馬鹿にされてもそういう委員会に出席するのは、役人たちからもらう生の資料のせいだ。それで論文がいくつもできるのであった。

そういうわたしの体験から「わが国に原発をつくる」さまざまな決定も、最終的にはこのような「政治家」と「調査マン」という霞ヶ関役人の合同作業によっておこなわれた、とおもわれる。そうしてかれら官僚が中心になって日本の各界の「叡智」を結集し、いわば「日本の総力」をあげて開発をすすめていったことだろう。

そうして半世紀がすぎた。

その間いろいろのことがあった。しかしともかく、官僚は日本社会の牽引車としての役割をはたしつづけた。

そういうなかで、こんどの大災害がおきたのである。

官僚の「三痴」

この「ガリ、チン三年……」のように、霞が関の国家公務員の鍛え方にはものすごいものがある。役人の最高位の次官になった人もみな「ガリ、チン」からはじめている。

また、ウェーバーが指摘した近代官僚の「専門制・分業制・合議制さらに統率性・公正性」も霞が関ではほぼそのとおり実行された。

まず法律専門とか土木専門とかいうように職能別に採用され、総務省とか国土交通省とかいうように分業的に配置され、課長・局長・次官といえども独裁はゆるされず、政策はすべて関係者の合議にふされ、決定は全員一致によりおこなわれ、決定されたことは上意下達でただちに実行され、その間よろず不条理や不正は忌み嫌われる。

ところが、そういう役人たちにも泣き所があるのだ。

というのはかれらの政策決定において非所掌者である他の官僚たちの賛同をうるために、しばしば「経験主義」「物質主義」「鎖国主義」ともいうべき議論がおこなわれるからだ。すなわち、過去の経験で説明するとみなが賛成するし、物証的に話をすすめれば大方が納得する。そして中身を国内にかぎれば話ははやい。

このように非所掌者の官僚仲間の全員の賛同をうるために、いつもそういったわかりやすい方法がとられたのであった。

だがそのために、しばしばおもいがけない陥穽におちいることがある。

第一に、経験主義であるために経験しなかったことには弱い。未来もすべて過去の経験でしか推しはからないからだ。だから地震予測もすべて過去の経験による。したがって経験しなかったことについてはまったくお手上げである。こんどの大震災で「想定外」ということばが乱発されて国民の顰蹙《ひんしゅく》をかったわけだ。

そういう経験主義だから直観ということは排される。しかしさきにのべたように現場にでれば津波は直観できるのだ。だが、だれもそれをやらない。

わたしはそういう経験主義を、過去のことにはくわしいが未来については過去を延長するしか能のない官僚の「未来痴」という欠陥とみる。

第二に物質主義であるから、孔子ではないが「怪力乱神」といったものは避ける。神や仏というものをまったくみとめない。

したがって今回の大震災でも、貞観十一年（八六九年）に仙台平野でおきた大津波のことは考慮されなかった。なぜなら、それをつたえる『日本紀略』そのものに神や怪異の話がおおいからだ。したがって貞観津波が無視されただけでなく、そのとき津波の到達地点につくられた波分神社の存在もみなかった。その波分神社から海側は「貞観津波がやってきた」目印だったのだが、それ

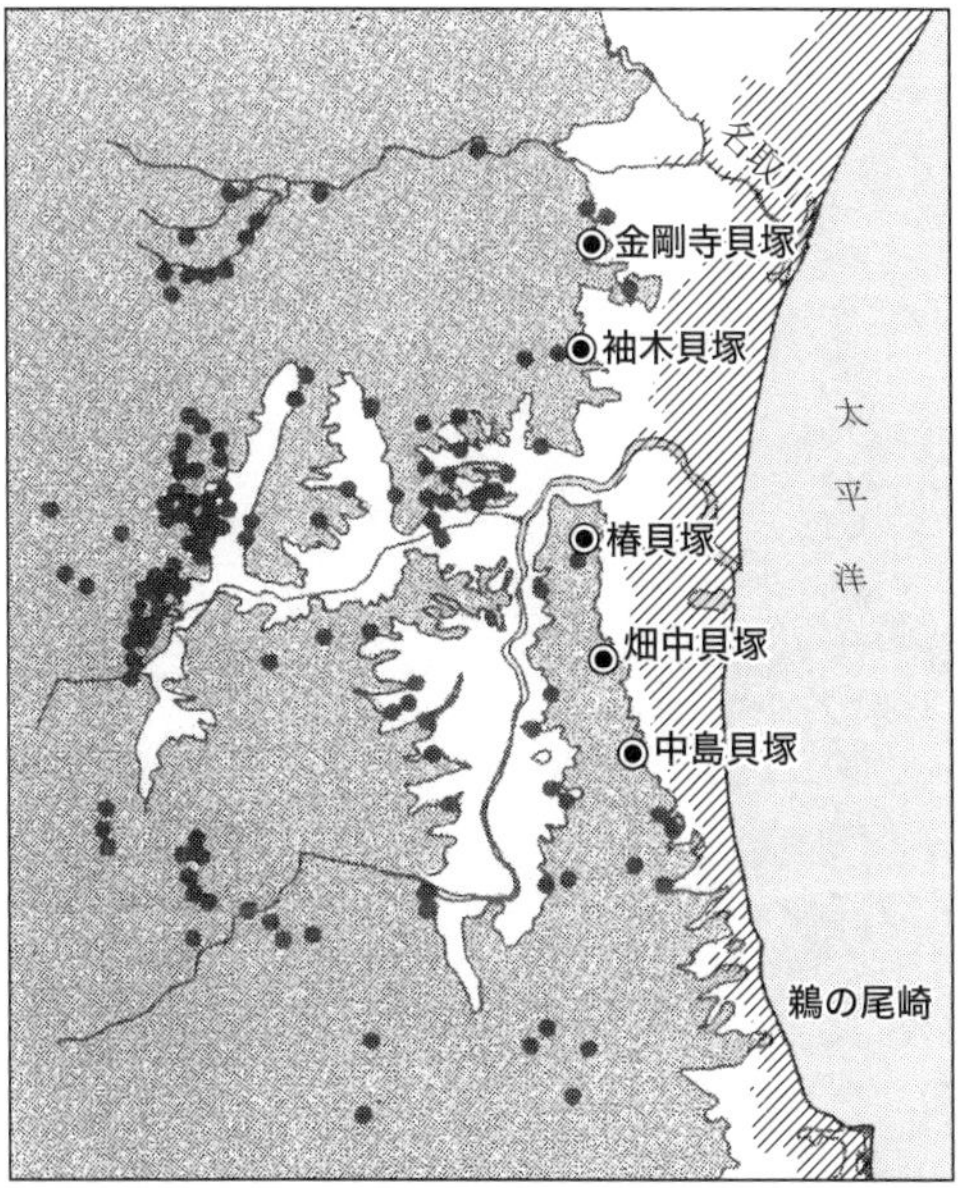

図2　仙台湾の縄文遺跡と東日本大震災　山田昌久「貝塚と貝塚に残された道具」の図を元に作成、黒丸は縄文遺跡、斜線部分は浸水地域

も無視して開発はすすめられた。そして今回の難にあった。さらに縄文人の遺跡はすべて津波のおよばない高台にあったが、縄文人の文化までかんがえることなどは絶えてなかった(図2)。

それを、よろず物質主義で精神的なものを考慮しない、すなわち「鬼神」といったものを避ける「鬼神痴」とわたしはみる。

第三に鎖国主義である。日本は島国だから、だれでも国内のことなら知らない土地でもおおよその見当がつく。しかし外国となるとさっぱりということがおおい。

それに役人はほとんど外国出張

をしない。外国観光もしない。役所を留守にするとその間になにがおきるかわからないからだ。役人は外国の実態をほとんど知らないのである。それはなんと任地に赴任した外務官僚についてもいえることである。

今回も、二〇〇四年十二月にインドネシアのスマトラ沖でおきた「マグニチュード九・〇の地震、それによる高さ十メートルの津波、三十万人の死者」というようなことは日本にはおよそ関係ない、とみていた。それは調査の結果ではなく、はじめから「別世界のこと」だからである。ために、それについての対策はなにもおこなわれなかった。

しかし結果は、それとほとんどおなじものがおきてしまったのだ。

役人の「外国痴」というほかない。

以上の「未来痴」「鬼神痴」「外国痴」つづめていえば「未痴」「鬼痴」「外痴」の三痴は、すぐれた近代官僚制をもつ日本の役人の、いわば泣き所といっていいものなのである。

「パイ拡大の思想」の原点は明治か？

そのけっか、原発の「経済性・効率性」を追求するあまり、今回、役人のこの「三痴」の欠陥をつかれて「想定外という未経験」「貞観津波の無視」「スマトラ沖津波の無知」という悲劇の結果になったのである。

それら罹災状況の一部始終をみていた国民は、さきにものべたようにこれを「人災」とみ、これから長くつづくであろう結果の恐ろしさに当惑している。ために日本社会はふかい沈滞におちいっている。

ではこれからどうするのか？

問題は「人災」ということである。それについてはすでにいろいろのことがいわれているが、わたしはその元は、いまのべてきたように「パイの拡大」にあるとおもう。

だれがかんがえてもわかることだが、なにごとも「パイ拡大」つまり単純な成長主義をつづけていけば、さいごは破局である。

建築もむかしは建物の高さは低かった。しかし昭和に三十一メートルの高層がゆるされ、戦後は五十メートル、百メートルの超高層建築がふつうになり、今日、東京スカイツリーのように六百三十四メートルという「超々高層建築」まであらわれた。といっても、建築をどれだけでも高く、たとえば千メートルも二千メートルも高くはできない。東京スカイツリーなどはもう限界に近いだろう。それ以上やみくもに高さ競争をつづけていくと、やがては破局がおとずれる。

すると「パイ拡大」つまり国内総生産を高めるのも結構だが、それは単純にどこまでもつづくものではないだろう。人間には欲望があるから「関係者はパイを拡大したい」とおもうだろうが、しかし「パイ拡大」の最後は破局にきまっている。

であるのに、なぜパイを拡大するのか？

問題は、破局にみちびくような「パイ拡大をよし」とする思想にある。それあるかぎり、破局への道程はかぎりなくつづく。

ではその「パイ拡大をよし」とする思想はいつ、どこでうまれたのか？

現在の「パイ拡大の思想」は、さきに朝鮮特需とそれにつづくオイル・エージにあるとのべたが、その淵源はもっとふるい。

それは、日本の国の人口推移をみるとわかる。

というのも、江戸時代の人口は二百六十五年間ほぼ三千万で安定していた。その間「パイ拡大」はなかった。

ところが明治維新いご人口は急増して、この百四十年間で四倍になった。

しかしそのような急激な人口増加は、土地も資源もないわが国にとってはなはだ厄介なことである。明治から大正にかけて日本政府はハワイ移民、北アメリカ移民、つづいて中南米移民などを奨励したが、ゆく先々で「黄禍論」をはじめとするトラブルにあった。昭和になると「満州」方面への満蒙開拓団派遣を国策化したが、それも諸外国の対日感情をいちじるしく悪化させた。そして太平洋戦争へとすすんで、敗戦という破局になったのである。

とみていくと、昭和の敗戦もこのような人口増加の必然の結果だったかもしれない。

かんがえてみると、そのなかでもとりわけ人口が急速にふえたのは明治時代だった。その四十五年間のあいだに三千万の人口が五千万になったからである。それは、明治生まれのわたしたちのおじいさんやおばあさん、曾おじいさんや曾おばあさんが、たいてい七人兄弟姉妹、十人兄弟姉妹だったことをみてもわかるだろう。

とすると、それだけの人口増大をうながすような「パイ拡大の思想」が明治にあった、ということである。

封建時代から近代にはいったばかりの、それこそ何にもなかった明治日本に、どんな目論見があってそのような人口増大をうながす「パイ拡大の思想」がうちだされたのだろう。

すると、そもそも「明治維新とは何だったのか?」とあらためておもわれてくるのである。

2

明治維新は何だったのか？

——西郷隆盛と百姓が殺された——

明治維新は何だったのか？

たいていの人は「明治維新とは何か？」と問われれば、「それによって日本は近代化した」とか「わが国の近代化に必要な道程だった」などとこたえるだろう。

つづいて「それが良かったか？　悪かったか？」とたずねられると、びっくりするのではないか？「そんなことは考えたこともない！」

わたしがこれまでいろいろの人にきいたかぎりでは、たいていそんな反応だった。

じつは、わたしもむかしはそうだった。

だが「まえがき」にものべたように、阪神淡路大震災いご、明治維新のリーダーだった西郷をしらべていくうちに西郷のことがわからなくなってしまった。

じっさい明治維新のあと西郷は西南戦争をおこし、政府軍と戦って逆賊とされて死んだが、東京の上野の山にはいまも西郷の銅像がたっている。おおくの人がその銅像のまえで写真をとっている。そして「逆賊がなぜ銅像か？」という小学生のような質問にたいして、おおくの日本人がこたえられないでいる。

「のち西郷は許されたから」というが、それなら西郷と戦って死んだ政府軍の兵隊や士官たちはどうなるのか？　なぜかれらの銅像が立たないのだろう？

わたしはしだいに「西郷の生きた明治維新とは何だったか？」とおもうようになった。

司馬遼太郎が『坂の上の雲』を書いてブームをおこしてから、明治は現代日本人にとって、またわたしにとっても親しいものになり、明治維新を「現代のお爺さん」のような存在にみてきたのだが、ここにきて、だんだん「赤の他人」のように白々しいものになってきた。

じっさい司馬は明治維新の正の側面と負の側面をかいたが、NHKの放映した『坂の上の雲』をみても正の側面しかとりあげられていない。であるから、いま明治維新のことをかんがえると、ふかいため息がもれるのをどうしようもない。

「維新の元勲」がなぜお札にならないか？

もちろん、いままでにも明治維新を批判した人はたくさんいる。

たとえば明治の初めごろの土佐藩出身の植木枝盛（一八五七〜九二）がそうだ。かれは自由民権運動の機関誌に「明治維新は幕府の官僚から明治の官僚にかわっただけの政府の変換にすぎず、人民はいっさい関係ない。人民が政権をにぎる政体に変換しなければならない」といって「第二の明治維新」をとなえた。

そのごの自由民権運動はこの植木の思想を実現すべくすすんだが、政府の弾圧によって成果をあげることができず、途中で瓦解してしまった。

だが、こういう「人民」の立場にたった批判とはべつに、政府内においてさえ明治維新をどうあつかっていいかわからない、あるいは明治維新を完全に総括できないおおくの事実がある。

その一つは日本の紙幣だ。

紙幣にのせられる肖像画というものは、どこの国でもその国をつくった英雄である。アメリカのドル紙幣にはジョージ・ワシントンの肖像が、シナの元紙幣には毛沢東の顔が大きくのせられている。

ところが日本でいままで円紙幣の肖像に採用されている近代政治家は、岩倉具視、板垣退助、伊藤博文の三人だけである。

岩倉は古くから反幕運動にたずさわったが、ながらく蟄居させられていて倒幕運動に参加したのは維新前年のわずかな期間だけだ。

おなじく板垣も倒幕にむかったのは維新の前年である。

伊藤はわかいときから長州藩の尊王攘夷運動に参加したがあまり指導的立場にはいなかった。

この三人が紙幣の肖像画にとりいれられているのである。

ところが一方には「維新の元勲」といわれる人たちがいる。西郷隆盛、大久保利通、木戸孝允の「三傑」だ。だれでも知っている名前である。

西郷は薩摩藩の出で、明治維新の中心中の中心人物である。「かれがいなかったら明治維新そのものがなかっただろう」というのは、とうじからおおくの人々にいわれていたことだった。また大久保利通も西郷に兄事して古くから倒幕運動に参加していた。維新前年には維新を決定づける小御所会議にもくわわっている。

さらに木戸孝允もわかくして倒幕運動に従事し、おおくの先輩がたおれたあと、長州藩のリーダーになって明治維新をおしすすめた。

したがって明治政府にあってこの三人は「元勲」とよばれ、最重要人物であった。

にもかかわらずこの元勲たちは、維新いらい百四十年間、日本の紙幣の肖像画には採用されず、さきの二番手の人物のみが採用されている。

なぜだろう?

まずかんがえられるのは、この元勲をお札にとりあげるとしたら「だれをどういう順番でとりあげるのか?」どうじにとりあげるとしても「だれを千円札にして、だれを五千円札にして、だれを一万円札にするのか?」西郷を一万円札にすれば木戸の出身地の山口県の人は「うん」といわないだろうし、木戸をとりあげるとこんどは鹿児島県の人は面白くないだろう。大久保をとりあげれば西郷を愛するおおくの鹿児島県人に納得のいかないことが想像される。

つまりこの三人は、たがいに微妙な関係にあるのだ。大蔵省造幣局も、またときの政府でさえも「この問題にはさぞ頭が痛いことだろう」と同情する。

だがよくかんがえてみると、じつはこの「三人の関係」ではなかった。それはじつは西郷ただ一人の問題だったのである。

というのも、今日においてさえ日本政府はさきの「上野の山の西郷像」のように、西南戦争で逆賊の汚名をうけて死んだ西郷をどうあつかっていいのかわからないからだ。像が立っているのは上野公園だが、それは明治天皇から下賜された土地である。その明治天皇は率先して西郷恩赦をいいだし、そして実現させた。それが銅像建立にもつながった。つまり上野の山の西郷像は明治天皇のおかげなのである。日本政府は一切関係ない。

そういった問題が「紙幣の肖像問題」にもあらわれている、とわたしはみる。

ということは「維新最大の英雄である西郷がわからない」ということであり、したがって西郷がわからなければ「明治維新もわからないのではないか？」と、わたしはおもうのである。

政治家は西郷を敬遠する

そこで西郷についてかんがえる。

明治維新最大の功労者の西郷は、何度もいうように明治十年に西南戦争をおこして鹿児島の城山で死んだ。

とうじは逆賊あつかいだったが、明治二十二年に明治天皇のつよい意向で大赦され、正三位を追贈された。

一時は朝敵の汚名をうけたがのちゆるされ、そして功臣となったのである。にもかかわらず、いまもって西郷は英雄なのか逆賊なのかがはっきりしない。評価すべき人物なのか無視すべき人間なのかがわからないのである。

たしかに、上野の山に西郷の銅像はたてられた。そして第二次大戦ご、建武中興の忠臣や維新の英雄、日清・日露の軍人などおおくの銅像がアメリカ進駐軍の命によって、あるいは関係者の自発的意思によって撤去されたなかで、西郷像はどこからもクレームをつけられず、百十一年間、立ちつづけている。そしていまなおおおくの国民にしたしまれている。おそらくいまでも日本の政治家の人気投票をやったら西郷は一番になる可能性がたかい。それだけ国民に人気がある。

だがいっぽう、国家に功績があって死んだ人をまつる靖国神社には西郷はまつられていない。西郷はいまも逆賊のままである。

明治三十三年に上野の山に西郷の銅像が立ったとき、西南戦争で西郷とたたかった政府軍の総司令官の山縣有朋は、とうじ総理大臣という激職にありながら上野の山にかけつけて「君は欲のない人だった」という祝辞をよんでいる。

ところが山縣のように西郷をよく知る人物は例外で、その銅像建立の儀式には、西南戦争のとき西郷に抗して政府側にたった軍人やそれにつづくおおくの政治家たちはほとんど参加しなかった。かれらには「西郷アレルギー」がものすごくあったからだ。

そういうグループの筆頭は、さきの大久保をはじめとする薩摩出身者である。薩摩出身であるにもかかわらず西郷軍に敵対した人たちだが、かれらの大方は西南戦争が終わったあとも、ながらく故郷にかえることができなかった、という。

しかしそういうかれらの多くは、そののちの政府の要職をしめた。

要職をしめはしたが、心のなかに後ろめたさでもあるのか、この世にいない西郷をなお「煙たい存在」として避けつづけている。その証拠に、そういうかれらやかれらの子孫たちに西郷のことをたずねても、いまも口をつぐんでこたえない。

政治家たちのおおくはいまなお西郷を敬遠している、というほかない。

「逆賊」であってほしい

その西郷が政治家たちに敬遠される理由に、西郷が華美な行動をきらったことがある。

維新とうじ、明治政府の要職についた政府の高官のなかには紅灯の巷に出入りする人がおおかった。とりわけ長州出身者が目だった。伊藤博文などは艶福家としておおいに名をはせたものである。

長州藩士が紅灯をこのむのは、じつは幕末とうじからだった。かれらのおおくは京都にくると

「尊王攘夷」のかたわら、祇園通いに精だした。というのも長州すなわち山口県は、その地理的位置により昔から物資の流通がさかんで、ために商業が発達し、武士といえども紅灯通いをだれも不思議におもわなかった伝統があったからだろう。

ところが他の藩、とりわけ薩摩はちがった。薩摩は九州の僻南の地にあって質実剛健の気風がつよく、そのような紅灯通いを潔しとしなかった。

西郷もつね日ごろ「草創の始めに立ちながら家屋をかざり衣服をかざり、美妾をかかえ蓄財をはかりなば、維新の功業はとげられまじくなり」といっていた。

明治三年七月、政府高官の淫風や政治の腐敗をみて、たまりかねた薩摩出身の熱血の士、横山安武が集議院の門前で「時弊十箇状」なる諫言書を書いて抗議の切腹をした。その文中には、陽明学者春日潜庵を陥れたとして岩倉具視、徳大寺実則が名指しで批判されていた。

そのとき鹿児島にいた西郷はかれの死をいたみ、のち顕官たちの遊蕩驕奢の風を指弾する長文の檄文を書いた碑をそのあとにたてたのである。

政府部内に驚愕の閃光がはしった。

だがそれも一時のことで、また元にもどった。そしてそれはのち鹿鳴館時代（一八八三～八七年）の華やかさにもつながっていったのだった。

なおこのとき横山の諫言書には別紙がそえられていて、そこにはとうじ政府内部でさかんだった「征韓論」を指弾する意見がかかれていた。西郷はそういう横山をこよなく愛したのである。

ともあれ高楼大廈に住み、遊蕩驕奢にはげんだ明治の政治家にとって、西郷のような堅物の人士はまことに「困った人」であった。

じっさい西郷はのち東京にでてきて今日の「総理」にあたる筆頭参議になったが、あいかかわらず陋屋に住んで「子孫のために美田を買わず」(『西郷南洲遺訓』)という姿勢をつらぬきとおしたからである。

あるとき西郷の肥満の身体をみて大久保が「妾でもおいたら?」とすすめた。すると西郷は「なるほど」といった。しばらくして大久保が西郷の家にゆくと、西郷はニコニコしながら「おはんのいうとおりにしもした」といってかたわらを指さした。そこには犬が二匹いた、という。

そういう西郷の至誠篤実の生き方は、そのごのおおくの日本の政治家にとってははなはだ迷惑であった。政治家は選挙民からの金権遊興の批判がいちばん怖いからである。

であるから、今日も日本の政治家たちのあいだに西郷の人気はない。それどころか、いまもって「西郷は〈逆賊〉であってほしい」とねがっている節さえある。つぎにのべる「西郷征韓論者」などはその最たるものなのだ。

わたしが『西郷隆盛ラストサムライ』を書いたあと、ある政治家と対談したとき、かれはのっけからわたしに「自分は大久保がえらいとおもっている」といってわたしを牽制したものであった。

明治六年の政変は政権奪取の陰謀

西郷は「明治維新をやった人」「西南戦争で死んだ人」ということのほかに、いまのべた「征韓論者」というイメージがある。明治六年に政府内で士族救済のために「征韓論」を主張し、みずから遣韓大使を志願したがいれられず政府を辞した、というものである。

そういう話は戦前の教科書にはなかったが、なぜか戦後の中学の教科書に大きくのせられ、ために国民のあいだにひろく定着した。

そこでその「征韓論」なるものの実相をみると、一般に知られていないおおくの事実がある。まず基本的なことだが、李氏朝鮮が大韓帝国という国号にあらためたのは明治三十年のことであって、それまでは朝鮮国だった。

すると、明治六年にあって西郷を「征韓論者」というのはおかしな話である。韓国という国がなかったからだ。であるから「征韓論者」ということばは後人の作といっていい。すくなくとも明治三十年以前にはふつうにはないことばだった。もしあったとすれば、幕末の儒者山田方谷の「征韓論」をうけた明治初年の木戸孝允の個人的述作（『木戸日記』）ぐらいだったろう。

さて明治六年のこと、かねがね朝鮮国政府が「天皇という名の国書はうけとらない」といってきたことに参議の板垣退助が憤慨し、即時出兵を主張した。それに西郷が反対すると、板垣は外務大臣の副島種臣を派遣しようとしたのである。

しかし西郷は「硬派の副島どんでは事態が悪くなりもっそ」と、みずからが単身で使節として朝鮮にゆくことをのぞんだ。西郷のいう「朝鮮国ご交際の儀」である。この「西郷派遣」は、欧米視察の岩倉使節団に参加せず、留守をまかされていた参議を中心にすすめられた。

いっぽうそのころ「不平等条約解消」を旗印に欧米にむかっていた岩倉使節団は、当初一年の予定を二年ちかくのばしてはみたけれど成果をあげられず、帰国したのち、数々の業績をあげていた留守居政府に「政権を奪われた」とおもい、伊藤博文の進言で、岩倉具視、大久保利通らが政権奪取をめざす「西郷派遣阻止」の運動をはじめたのである。とりわけ伊藤は新任参議になった江藤新平の追い落としをはかった。長州出身のおおくの官僚が汚職事件をひきおこして江藤に逮捕されていたからだ。

しかし、大久保の思いはほかにあったようにおもわれる。というのは、留守政府は明治五年八月に「国会議院開設手続草案」を作成し、翌六年に選挙をおこなうこととしていた。ところがこれは薩摩出身の左院議長の伊地知正治によって阻止された。大久保もまた、そういう動きにたいして危機感をもっていたとおもわれる（高柳毅「西南戦争はなぜ起きたか?-」）。

しかし同年十月十五日、岩倉、大久保らをまじえた最終の参議会つまり閣議で、西郷欠席にもかかわらず、太政大臣三条実美は「西郷派遣」を正式に決定した。あとは天皇の裁可をまつのみとなった（井上清『日本の歴史20』中公文庫）。大久保はただちに岩倉に抗議の辞表をおくった。岩倉はおどろいてみずからも三条に辞表を提出した。そのショックで三条は、三日ごの十八日に急病で倒れた。

そこで翌十九日、大久保は伊藤の奇策をうけて腹心の黒田清隆と相談したのち「一の秘策」とよばれるものを宮内小輔の吉井友実にさずけた。そのけっか、翌日、天皇が三条を見舞い、あと岩倉をおとずれて岩倉を三条の代理に任命したのである。天皇が病気になった臣下を見舞うことなどめったになかった。そのうえ臣下の家にまでいって後任人事をおこなったのだ。異常というほかない（毛利敏彦『明治六年の政変』）。

ともあれそうして代理になった岩倉は、三日後に閣議決定とはまったく逆の「西郷だけが派遣を主張し、あとはみな反対した」なる奏上を天皇におこない、天皇の「西郷派遣中止」の裁可をえたのであった。

つまり岩倉は「偽奏」をしたのだ。

これに怒った西郷、板垣、副島、江藤新平、後藤象二郎の五参議らはいっせいに辞任した。のこったのは大久保、木戸、大隈重信、大木喬任の四参議だった。

すると大久保はみずからの辞表を撤回し、あらためて新参議に伊藤、寺島宗則、勝海舟を推挙し、大久保独裁体制をつくりあげたのであった。

しかし三条、岩倉らは事態の急変におどろいて、こんどは西郷らの参議復職を大久保にはかったが大久保は頑としてうけつけず、いご、かれに反対する勢力もあらわれず、こうして維新ごのわが国の「大久保専制政治」が確立されたのであった。

以上が、今日「明治六年の政変」とよばれるものの実態である。

とすると、これは政権交代の「異常な八日間」であり、かつ、政権奪取の「明白な陰謀」といっていいではないか？

西郷を「征韓論者」に仕立てあげる

しかしこの「陰謀」が天下に知れわたってはこまるので、政府は、西郷らの辞任を「西郷の朝鮮派遣をめぐる政策対立」とし、さらには「西郷の征韓論は敗れた」ときめつけて、その中身をひた隠しにかくした。

ためにそういう事実が判明したのは、なんとそれから六十年たった昭和十年代になって発行された『大日本外交文書』によってである。それまではだれも知りえないことがらだったのだ。

かんがえてみると「征韓論」も虚妄なら、大久保らの「内治論」も一時しのぎの弁でしかない。

西郷を「征韓論者」とする論拠は、西郷が朝鮮進攻の急先鋒論者だった板垣にだした「もしおいどんが殺されもしたら、そのときはおはんがご主張なさる戦争もやむをえもさん」とする手紙とされるが、しかし儒教の国の朝鮮が平和にやってきた使節を殺すはずもなかっただろう。

その点については万事用心ぶかかった西郷は自信をもっていたにちがいない。その手紙の「戦争云々」は、みずからの派遣を板垣に賛成させるレトリックにすぎないものであった。じっさい、幕末とうじにあって西郷はいつも戦争を忌避した。薩摩屋敷に勝海舟をよんで江戸決戦を回避した会談は有名である。やむを得ず戦争になったあとも敗者に戦後処理をゆだねたりした。そういう平和主義者がなぜ「征韓論者」なのか？

いっぽう大久保は西郷を「征韓論者」ときめつけておきながら翌年には台湾出兵をおこない、翌々年には朝鮮で「江華島事件」をひきおこして武力でもって朝鮮を脅し「日朝修好条約」を締結させたのである。すると「どこが大久保は内治論者か？」とおもわれる。であるから韓国では、いまも「征韓論者は大久保」とおもわれている。

にもかかわらず、そのごの政治家やそれら政治家につらなるおおくの学者たちは、西郷を「征韓論者」ときめつけてその手綱をゆるめない。とりわけ第二次大戦後にそれはいちじるしい。

しかし西郷はつね日ごろ、

文明とは道のあまねく行わるるを賛称せる言にして、宮室の荘厳、衣服の美麗、外観の浮華をいうにはあらず、(中略) じつに文明ならば、未開の国にたいしなば慈愛をもととし、懇懇説諭して開明にみちびくべきに、左はなくして未開蒙昧の国にたいするほどむごく残忍のことをいたし、己を利するは野蛮じゃ。（『西郷南洲遺訓』以下同様）

といって欧米の侵略主義をつよく否定してきた人である。その西郷がなぜ「征韓論者」なのか？　西郷を「言行不一致の人」とでもいうのだろうか？

西郷じしんも東京を去るとき、弟の従道に、

事大小となく、正道を踏み、至誠を推し、一時の詐謀を用ふべからず。人多くは事の差支《さしつか》ゆる時に臨み、作略を用ひて、一旦その差支へを通せば、後は時宜次第、工夫の出来る様に思へども、作略の煩《わずら》ひ屹度《きっと》生じ、事必ず敗るゝものぞ。正道を以て之を行へば、目前には迂遠なる様なれども、先に行けば成功は早きもの也。

とみずからの所信をのべ「おいどんがこれまで言行不一致のことがありもしたか？」と従道に問うている。

以上のようなことであるにもかかわらず、なお西郷を「言行不一致の人」というのなら、その証拠をみせていただきたいものである。

洋才から富国強兵へ

さて第四の問題で、かつ、いちばん深刻な問題にうつる。

それは、当時さかんにいわれた「和魂洋才」ということについてである。はっきりいえば「和魂をとるか？　洋才をとるか？」だ。

「和魂洋才」とは、幕末の洋学者の佐久間象山が平安時代の菅原道真の「和魂漢才」をもじって「日本の魂と西洋の科学技術とを両立させよう」というもので、そのころの流行語であった。ところがこの「和魂洋才」ということばは、調子はいいが本質的な矛盾をふくんでいる。というのは「和魂」と「洋才」の二つをならべるのは結構だけれど、現実にはしばしば「その二つのうちのどちらかを取らなければならない」あるいは「どちらかを優先しなければならない」事態が生じるからだ。そのときいったいどうするのか？

あるときこういうことがあった。

大久保がイギリスに注文して立派な軍刀をこしらえた。

その評判をきいた西郷がブラリと大久保の家にやってきて「その軍刀をおいどんに貸しもっそ」といってもってかえった。しかしいつまでたっても返さない。しびれをきらした大久保が催促すると、西郷は「あれは、いつぞやうちにきた書生にくれもした」といったという。

西郷のこの洋刀を嫌ったエピソードをみても、かれは「和魂主義」だったといえる。あきらかに大久保の「洋才主義」を諌めたのだ。しかしそのとき大久保が怒った、というところをみると、西郷の意は通じなかったようである。

「通じなかった」というより、大久保のあゆむ道ははっきりしていたのだろう。大久保ははじめから「洋才主義」だった。その点で、二人は当初から相いれない仲だったのかもしれない。

その大久保の「洋才」の最たるものが、この軍刀に象徴される「富国強兵」である。

富国強兵ということばは「国を富ませ、兵を強くせよ」ということだが、もと春秋戦国時代にシナの諸侯がもちいた言葉からきている。有名な秦策の『戦国策』にも集録されている。江戸時代のはじめに儒者の太宰春台らがさかんに論じた。するとこれは「漢才」というべきか？

ところが幕末になって、その漢才の富国強兵がまたも復活したのだ。そのころ、日本の沖合に頻々として外国船があらわれたからである。人々は「日本は外国から侵略されるにちがいない」とおもったのだ。

そのときの富国強兵論で注目されるのは、熊本の思想家の横井小楠である。

かれはその著『国是三論』のなかで富国・強兵のほかに「士道」といった。新日本の建設には、富国・強兵・士道すなわち「経済、国防、道徳が必要だ」というのである。

しかし明治維新の「富国強兵」のかけ声からはその「士道」はぬけおちた。それは「漢才」や「和才」の富国強兵論ではなく「洋才」の富国強兵論がはいってきたからだろう。

明治に日本によばれたロシア人で、帝政ロシアにたいする革命運動をやったレフ・イリイッチ・メーチニコフ（一八三八〜八八）は、大久保の目ざすところをつぎのように活写している。

大久保とその追随者たちは、フランス第二帝政の眼鏡をとおして政府の課題を眺めている。（中略）政府がイニシアチブを発揮していくうえで鞏固な支柱となるべきすべての階層からなる軍隊の創設と、同時にあらゆる地方の思惑とは切れたところで唯一中央権力にのみしたがう行政網を全国に張りめぐらす努力こそ緊急の課題としている。

（『亡命ロシア人の見た明治維新』講談社学術文庫）

富国強兵が国是に

岩倉使節団が欧米各国を視察したとき、一行が、はじめアメリカ、イギリス、フランス、ドイツ、ロシア、オーストリアそれにイタリアといった七か国の大国のどれかを日本の将来モデルの候補とかんがえていたかはうたがわしい。

というのも使節団は、それら大国のほかにベルギー、オランダ、ザクセン、スイス、デンマークそれにスウェーデンといった小国六か国をも訪問しているからだ。むしろ使節団はこれら小国に大きな関心をよせ、かつ、期待感をにじませていた。それも、日本の国土の小ささや資源の少なさをかんがえれば、とうぜんのことだったろう。

ところが、使節団が日本を出発する前年に普仏戦争がおき、そのけっか小国プロイセンは大国フランスに勝利した。そして使節団がヨーロッパに到着したときには、プロイセンを中心とするドイツ帝国がうまれていたのである。

そうして一行はドイツ帝国で「鉄血宰相」の異名をとるオットー・ビスマルク（一八一五〜九八）の演説に魅せられた。「小国が生きていくためには国際法などおよそ役に立たない。鉄と血によるしかない」。

じっさい一七〇一年にうまれた若い小国のプロイセンは、そのごナポレオンに敗れて屈辱的条約をむすばされたが、さきにのべた近代官僚が登場して国の近代化をおしすすめ、ロシアと組んでとうとうナポレオンをやっつけてしまった。さらに普墺戦争でオーストリアを、普仏戦争ではフランスを破ってヨーロッパの大国になったのである。ビスマルクに象徴される「武闘路線」の勝利である。

このように、ナポレオンにおさえられていたがそれを跳ねかえした、というプロイセンの歩みは、片務的な「日米修好通商条約」を飲まされて苦々しいおもいで開国した日本人にものすごい共感をもってうけいれられた。

すると日本もまた「日米修好通商条約」をうちやぶるためには武闘路線をもって大国になるしかない。

こうして使節団一行は、ドイツにおいて「小国だったプロイセンが大国ドイツになった」というなまなましい現実をみせつけられたことが大きかった。

ここに道徳どころか国際法までも無視するビスマルクの演説に共鳴して、大久保の「大国志向」がうまれていった、とおもわれる。

それもたんなる「大国志向」ではない。

それまで「日本に天皇がいた」とはいうものの、それはアメリカの人類学者クリフォード・ギアツ（一九二六〜二〇〇六）のいう「劇場国家」に近い存在だった。つまりインドネシアのバリの国々で、王や僧侶が儀礼や芸能の優劣をきそう国家形態にも似て、天皇は国家の祭祀の実行者にすぎず「権力構造」の一翼ではなかったからだ。

ところが大久保は、日本をプロイセン流の中央集権的な「兵営国家」に仕立てた。

そのうえで、化粧をして女の歌をよみ神さまに天下の安寧をねがっていた江戸時代の天皇を排し、明治の天皇を髭をはやし、軍刀をさげ、馬にのり、近衛兵を閲兵するものとした。そうして天皇は大元帥陛下になったのであった。

日米修好通商条約を打破するための手段としての「富国強兵」が、こうして日本の国是になっていったのである。

パイ拡大思想の原点はプロイセンの大国主義にあり

すると、前章の疑問も氷解するではないか？　つまり「パイ拡大の思想はどこからきたか？」

という疑問である。

それはいまのべたように、大久保が欧米視察からもちかえった「プロイセンの大国主義」がもたらしたものだろう。いご日本もこのプロイセンをまね「富国強兵」を手段として「大国への道」をひたはしったのだった。「パイ拡大の思想」である。

ここで、おもいかえしてみよう。

「もはや戦後ではない」という有名な経済白書が発表された一九五五年に、偶然かどうか、さきにのべた「原子力基本法」がつくられた。つまり戦後が終わるやいなや「原発国家」が推進・経営されだした。そして現在までその間約六十年である。

ところがそれは、明治から昭和の敗戦にいたるまでの「富国強兵」の経過とよく似ている。大久保政権の発足とともにはじまった「軍国主義国家」への道であるが、その間が約七十年だからだ。

このようにこの両者は期間が似ているが、もちろんその規模も、国内外にあたえた影響も比較にはならない。だがこの「軍国主義国家」と「原発国家」は、ともに「パイの拡大」を目ざしたという点で共通している。

そしてその原点は、いまのべたこの「プロイセンの大国主義」にあったのである。

しかし問題は、日本がまねたそのプロイセンの大国主義が、そのごどうなったか、である。

岩倉使節団の一行はイギリスの工業力をみて最初は驚嘆したが、やがて「その差はわずか四十年なり」さらにその他のヨーロッパ諸国との差は「僅々十余年のことに過ぎざるなり」といいきっている（久米邦武『米欧回覧実記』岩波書店）。日本は「十五〜四十年で追いつける」というのだ。

そうして大久保は日本にかえってきて「西洋に追いつき追いこせ」というかけ声のもとに、遮二無二「洋才」「富国強兵」さらには「軍国主義国家」の道へとつきすすんだ。

たしかに、それから三十年たって日本はロシアと戦争し、そして勝った。「追いつき追いこせ」の膨張主義は大久保が意図したより早く成果をえたのであった。さらに念願だった「日米不平等条約の解消」も明治四十四年（一九一一年）に実現をみた。

しかし、それいごも日本はなお膨張をしつづけた。

プロイセン大国主義の破産

ところが日本がお手本にしたプロイセンあるいはドイツ帝国いいかえると「軍国主義国家」ドイツは、第一次世界大戦と第二次世界大戦の二度の戦争に負けて国土を灰燼に帰し、国家を破産させてしまったのである。

プロイセンの大国主義あるいは鉄血宰相ビスマルクの「武闘路線」は、ここにきて破滅したといわざるをえない。

では「ドイツの武闘路線はなにに負けたのか？」というと、それは「情報路線」である。つまり二度の大戦とも武力だけではことは決せず、戦争は膠着化し、よもや参戦するとおもわなかったアメリカが参戦してきて、ドイツはそのアメリカの物量に負けてしまったのだった。

そのアメリカを反ドイツ陣営にひきいれたのは、両大戦ともイギリスの情報力であった。第一次世界大戦では、ドイツをはめこんで「無制限潜水艦作戦」をやらせてアメリカのウィルソン大統領を怒らせ、第二次世界大戦では、ドイツを追われたユダヤ人をアメリカにさしむけてルーズベルト大統領のまわりに結集させた。じじつ、ユダヤ人をイギリスにはいれさせなかったのである。

そしてアメリカに「世界の民主主義をまもる戦争」をうったえて、キリスト教と民主主義の布教を国是とするアメリカを二度ともじぶんたちの陣営にひきずりこむことに成功したのである。イギリスは武力ではドイツに負けたが、情報力で勝ったのだった。

日本も第一次世界大戦がおわったあと、そのような世界の動きをただしく認識すべきであった。つまり「武力だけでは国家はまもられない」ことを、第一次世界大戦のドイツの敗戦で知るべきだった。そしてあらためて情報力の大切さをかんがえるべきであった。

にもかかわらず、そのごの日本は情報大国イギリスとは「日英同盟の解消」という形でおさらばし、機械化兵団をほこるヒットラー・ドイツとのあいだに「日独防共協定」や「日独伊三国同盟」をむすんだ。そうして「軍国主義国家」の道をひたはしった。つまり「情報」に見向きもせず「武力」に固執したのだった。

しかし戦争は長期化し、所詮アメリカの物量にかなうはずもなく、ドイツのあとを追っておなじく破滅してしまった。

つまり日独両国ともに、ビスマルクの呼号した「武闘路線」は破産したのである。

とどうじに、それは大久保のつくりあげた「有司専制」つまりわが国の天皇官僚による「富国強兵」路線の破滅でもあった。

そうなったのも、さきにのべた日本官僚の「三痴」がはたらいている。すなわち日本の文武官たちは「経験したことのない情報路線」や「キリスト教、民主主義などという精神世界」や「変転きわまりない諸外国の動向」といったことにおもいいたらなかったのだ。

そうして「英米の情報力」のまえに屈したのであった。

ドイツの「疾風怒濤時代」がなぜ省みられなかったか？

大久保は建国したばかりのドイツをおとずれてビスマルクのことばに幻惑されたが、じつはドイツにはビスマルクが活躍したプロイセンやその発展としてのドイツ帝国だけでなく、それ以前のドイツがあった。

それは、十〜十三世紀ごろから十九世紀初頭のナポレオン戦争ごろまでの間にあった「神聖ローマ帝国」である。実質的には、ほぼその間にあった三百以上の諸侯や諸都市などの「領邦国家」の集合であるドイツ王国の姿だ。

領邦国家というのは、徴税、通貨、築城、裁判等の権限をもつが、一六四八年のウェストファリア条約のときまで外交権限をもたなかった「部分国家」をいう。プロイセンもそのなかの一つにすぎなかった。

このような神聖ローマ帝国やドイツ王国は、ローマ教会の防衛を任務とする超国家的存在だったが、皇帝や王は一家門勢力にすぎず、全体をリードする実力や統制力はほとんどなかった。またその帝国議会もおよそ意味をなさなかった。

その結果のドイツの姿は、室町幕府が形骸化した日本の戦国時代に似ているかもしれない。その状態が五百年も八百年もつづいたのであった。ただし、日本の戦国時代とちがって国内戦があまりおきなかったのは外国からのプレッシャーが強かったからだろう。つまりドイツはつねに外国からの侵略の脅威にさらされていた。内戦などはしておれなかったのだ。

であるから、それら「寄り集まりの領邦国家群」は政治的・軍事的にはきわめて弱い存在だった。宗教改革をめぐってヨーロッパ中の新教徒と旧教徒があらそった一六一八年からはじまる三十年戦争のときにはドイツの国土はメチャクチャになり、ドイツ国民の三分の一が死んだとさえいわれる。

そういう問題はあったものの、視点をかえてみると十八世紀末から十九世紀始めにかけてこの「地域分権国家」ドイツの文化はものすごく発達した。

哲学ではカントやヘーゲル、音楽ではモーツァルトやベートーベン、文学ではゲーテやシラーなどがでて、今日にいたるまで世界におけるその学問的・芸術的地位がゆらぐことはない。なかでも文学の活動はものすごく、人々はその時代のことを「疾風怒濤時代」とよんだ。

では、なぜこのような疾風怒濤時代がうまれたのか？　詩人のヴォルフガング・ゲーテ（一七四九～一八三二）はいう。

ドイツが偉大であるのは、おどろくべき国民文化が国のあらゆる場所にゆきわたっているからである。……もしも数世紀来、ドイツに二つの首都つまりウィーンとベルリン、あるいはただ一つの首都ウィーンしかなかったとすれば、いったいドイツ文化はどうなっているかおめにかかりたいものだ。

つまり世界に冠たるドイツ文化をうみだしたものは、ゲーテによるとドイツのこのような分権社会である。そのころのドイツは、政治的、軍事的には弱かったけれど、社会的、文化的にはおそろしく発展した。ドイツは「政治小国」だったが「文化大国」だったのだ。

それはドイツだけではない。

さきのわが国の室町・戦国という分権国家時代にも、茶・花、能・狂言、和学・古今伝授、禅宗・浄土宗、庭・建築などといった日本文化がものすごく発達したことをかんがえるとうなずけることである。

とすると、分権国家は「政治小国」かもしれないがしばしば「文化大国」になるのだ。

岩倉使節団がそういうドイツの歴史もみてきたら、もうすこしべつの日本ができていたかもしれないのである。

ヨーロッパの都市になぜ古い町並か?

ここでかんがえることがある。

わたしが専攻する分野の一つに都市問題がある。

そしてこのごろ日本人の海外旅行はさかんだが、その人気先の一つにヨーロッパがある。男も女も、老いも若きも、たくさんの人がヨーロッパにあこがれて日本の空港を飛びたっていく。

それは結構なことだが、さてヨーロッパにいった人は「なにをみてくるのか?」というと、歴史的建造物のほかに古い町並がある。

じつはヨーロッパにも新しい市街地がある。パリにはラ・デファンスというビジネス・センターが、ローマにはエウルという新官庁都市が、イギリスにはおおくのニュータウンなどがある。

であるのに「日本の観光客がそれらをみにいく」という話をあまりきかない。パリやローマといった大都会でもその中心部は古い町並でしめられているが、人々はみなそれを見にいくのである。

ただしパリの中心部には現代建築のポンピドー・センターがある。それは古い町並のなかに、特別に、しかもただ一つだけ建つのをゆるされた二十世紀の建築物だ。だがそれは町並ではなく、建築単体いわば「一つのモニュメント」にすぎない。古い座敷の床の間に、モダンな花瓶が一つおかれているようなものだ。まわりはみな古い町並なのである。

このようにパリのような大都会にしてそうだから、ヨーロッパの地方にいくとみな古い町や村ばかりである。そこにはかならず古い町並があり、その中心には古い教会が建っていて、町並と教会とは一体のものになっている。そこを日本人観光客は嬉々としてあるく。

しかしわたしたち専門家は、複雑な思いでそれらをながめている。

というのも、ヨーロッパのそれら古い町並を構成する石づくりの建築物はたいてい十七、八世紀ないし十九世紀に建てられたもので、日本でいうと江戸時代である。古いといってもそんなに古くはない。これにたいして社寺などの建築物の古さでは日本は負けない。奈良には七世紀、八世紀という木造の寺院だってある。

だが、町並つまり一般の民家群となるとそうはいかない。いまのべたようにヨーロッパは古い町並ばかりなのに、わが国の都市のなかには古い町並などというものはほとんどのこっていない。京都にほんのわずかあるぐらいだ。

たしかに全国には、道路の一本か二本だけ古い建物がならぶ「伝統的建造物群保存地区」とよばれる通りがある。しかし、それらの面積を全部合計してみても、日本の全市街地面積の一万分の一にもみたないだろう。

ところがヨーロッパでは、市街地のほとんどが日本でいうこの「伝統的建造物群保存地区」なのである。新しい市街地は都市の周辺や郊外にでもいかないとみることができない。しかも、そこにほんの少々あるだけだ。

つまり日本とヨーロッパとでは、都市のなかの新と旧の市街地のボリュームがまったく逆転している。日本の都市はどこへいっても新しいものばかりだが、ヨーロッパの都市はどこへいっても古いものばかりなのである。

わたしたちは、明治いらい「文明開化・和魂洋才」のかけ声によって日本の都市をすっかり近代化してきた、つまり新しくしてしまったのだが、そして「それをいいことだ、当然のことだ」とおもいつづけてきたのであるが、しかし肝心かなめのヨーロッパでは、ほとんどの町が「近代化」していなかった、つまり古いもののままだったのである。

そういった現実を「大衆観光時代」になって、わたしたちは身をもって知った。

これはいったいどういうことなのだ？　「文明開化」とは新しいものをつくることではなかったのか？　古いものをのこすことだったのか？

専門家としては頭が狂いそうな話である。

ドレスデンの聖母教会がなぜ復元されたか？

すると「日本とヨーロッパとでは建築の構造がちがう。日本は木の建築が主だから火事や戦災に弱いが、西洋は石づくりの建築が主だから古い町並がのこったのだ」といわれるかもしれない。

しかし、ロシアのサンクト・ペテルブルグやポーランドのワルシャワなどをみていただきたい。それらは戦災で町の九〇パーセント以上が廃墟になった。しかし今日、訪れてみると、古い町並がそのままのこされている。戦後に、昔どおり復元されたからだ。

すると「なぜ昔の町を復元するのか？　新しい町に建てかえたほうがなにかにつけて便利ではないか？」と質問されるだろう。

そこで、ドイツのザクセン州にあるドレスデンという町をみていただきたい。

ザクセン州はザクセン人の本拠で、かれらザクセン人は新興のプロイセンなどとちがい、ゲルマン民族のなかでもとりわけ古く誇りたかい部族だった。

五世紀にその一部は、アングル族とともにブリテン島にわたってアングロ・サクソンという国を打ちたて、八世紀にはキリスト教に服せず、ためにフランク王国のカール大帝によって一日で四千五百人もの戦士が虐殺される「ファーデンの血の沐浴」をもった。また二十世紀のヒットラー体制下にも「ヒットラー暗殺」をこころみて、大量のザクセン人将校が殺されている。

そのように権威に屈せず誇りたかいザクセン人の王国の首都がドレスデンである。そこにはいまも数々の歴史的建築物が建ちならんでいる。

ところがその大部分は第二次世界大戦で廃墟になり、戦後に復興されたものだ。

そのなかの一つ、市街地の中心部のノイエ・マルクト広場に、石のドームの聖母教会が建っている。エルベ川の北岸からみる白鳥のようなその白いシルエットはまことに美しい。まさにドレスデンの町並のシンボルといえる。

しかし、これも一九四五年二月にイギリス軍の空襲によって完膚なきまでに破壊された。破壊のあと、瓦礫はこの広場にうずたかくのこされたままだった。

しかし市民は、東独政府のたびかさなる撤去命令にもしたがわずこれら石の破片を守りとおし、十一年後にこの瓦礫の山を「平和記念碑」にする指定を勝ちとった。さらに六十年後の二〇〇五年十月に元どおりの姿に完全復元したのである。しかもほとんど戦後生まれの若者たちの手によって。

なぜそんなことができたのか？

このプロテスタントの聖母教会は、ローマ法王に抗し、技術面でくるしめられ、資金難にあえぎながら、十七年の歳月をかけて一七四三年に市民と市議会の手によってつくられた。

その十七年のあいだに、建設をゆるした王も、担当した建設大臣も、設計した建築家もみな死んでしまったが、ドレスデン市民の手によって工事はつづけられた。そうしてできあがったその「白いドーム」は、いわばドレスデン市民の「魂」である（川口マーン恵美『ドレスデン逍遥』草思社）。あるいは、プロテスタンティズムの魂といってもいいかもしれない。

それが戦災をうけたあとの六十年ごにふたたび姿をあらわしたのだ。

いまその教会を見あげると、白いドームの下のほうの壁は「白黒の斑《まだら》」になっている。白い部分は新しい石だが、黒い部分は古い石だからだ。

というのも、黒い石は復元の専門家たちが図面とコンピューターによって十二年かけて瓦礫の石を元あったところにもどしたからである。ないところは新しい白い石で補充した。それは気の滅入るような根気のいる仕事だったろう。

そういう資金を拠出したのは国でも州でもない。ほとんどがザクセン市民だった。ほかにおおくのイギリス人が募金した。贖罪のためだろう。それは、ドームの上の黄金の十字架となっていまも輝いている（**写真1**）。

こういうドレスデンの聖母教会のいきさつをみていると、古いものを復元するのには途方もな

写真１　ドレスデンの聖母教会　2005年に復元された黒斑のある教会

い強い意志と、技術と、資金力のいることがわかる。新しいものをつくるほうがずっと楽で、簡単で、しかも経済的なのだ。

しかし、そうまでしても古いものにこだわるのは、これがかれらの魂だからだろう。ザクセン人の「魂」である。それがかれらの文化なのだ。

とすると「和魂」つまり「日本人の魂」はどこへいったのか？　それは明治いらいこの百四十年のあいだ、日本の都市においてまもられてきたのだろうか？

もしまもられなかったとしたら「魂」はいったいどこへいってしまったのだろう？

「早起き、挨拶、敬老精神」

さきにみたように、明治いらい今日までの日本の国の百四十年は、大久保の基礎固めによって、政治も経済も社会も文化も「洋才」を中心にすすめられてきた。

そのけっか日本の科学技術は、たしかにこの百四十年間におおいに発達した。封建制度をぬぎすてたばかりのとうじの日本からかんがえると、たしかに「洋才」という点では合格といっていいだろう。じっさい、今日の日本の工業力とその技術力は、たいていの分野でヨーロッパの水準をこえている。

ところが「和魂」となるとどうか？　千年、二千年という日本文化はどのように発展したのか？あるいはどこにいってしまったのだろう。それを日本の都市の状況でみると、さきにのべたようにお義理にも合格とはいいがたい。

それは都市だけでない、郊外や農村もどうようだ。

イギリスの牧師のトーマス・クックが明治初年に日本にきて、日本の山野の美しさにおどろいて世界の旅行会社をはじめた、という「あの美しい日本」はいったいどこにいってしまったのか？人々が神さまと拝んでいた山々にはいま鉄塔がたちならび、白砂青松の海岸は今日、コンビナートでおおわれている。わたしたちのまわりからは古くて美しいものがどんどん消えさっている。

それは国土や建築物や、庭や着物や、といった文物だけではない。制度だってそうだ。

シナや台湾、韓国などではいまも生活に密着した旧正月をはじめとする太陰暦が生きている、というのに、日本では新春正月をすぎて「大寒」があり、七月七日の七夕はたいてい雨空で星などみえない。つまり季節錯誤の太陽暦一辺倒とし、そこに形だけの太陰暦の行事をあてはめているだけだ。したがって三月三日に桃が、五月五日に菖蒲が、九月九日に菊が咲くことはない。季節を大切にする日本人なのに、実態とかけはなれた形式だけがのこされている。じっさいの季節は無視されている。そういうことを明治いらい百四十年間つづけてきて、政治家も学者もだれ一人疑問におもわない。

いっぽう、わけのわからない祝日だけは戦後の日本にいっぱいつくられた。昭和の日、みどりの日、こどもの日、海の日、敬老の日、体育の日などなどだ。

それより「旧暦の正月や盆、五節句、二十四節気、満月など、もっと日本人に親しいものを休日にしてはどうか?」とわたしはおもう。そのほうが自然の季節に適合していて味わい深いのではないか?

こういう古い日本のことを心配してくれるわたしの友人の一人に台湾人がいる。かれは「日本人は戦前にあった日本の美風をなぜなくしてしまうのか?」といつも嘆く。そこで「その美風とはなにか?」とたずねると、かれはいう。「早起き、挨拶、敬語……」

それをきいていてわたしはおもった。「あ、そうか。それは自立と連帯と奉仕なのだ」と。

じつはのちにくわしくのべるが、それこそ今日、日本人がもっとも必要としているものなのである。

「わが国の本体をすえ、彼の長所をとれ」

ふたたび西郷にもどる。

西郷はいう。

広く各国の制度をとり開明に進まんとならば、まずわが国の本体をすえ、風教をはり、然してのち静かに彼の長所を斟酌するものぞ。

本体とはものの真の姿つまり「本質」であり、風教とは風俗教化つまり「その本質の現われ」である。

すると西郷は、なによりも一国の文化が大切である、文明はそのうえでとりいれたらよい、つまり「和魂をさきにし、洋才をあとにせよ」というのだ。

それは大久保の「洋才重視」とはまったく逆である。西郷と大久保では「和魂洋才」をめぐる解釈が正反対なのだ。

たしかに文化は、それぞれの地域の風土と歴史のなかで長い時間かけて育まれてきたもので、それは「地域の体質」といっていいものだろう。であるから、それは地域に固有のものであり、それを育んだ土地からはかんたんに引きはがすことのできないものである。たとえば日本人の「米食」や「魚食」がそれだ。西洋人の「肉食」、カナダのイヌイットの「カリブー食」などもそれにあたるだろう。

これに反し、文明はいわば「利器」とでもいうべきもので、訓練しだいでは簡単に身につけることができる。

たとえば車輪というものは、古代のヒッタイト、バビロニア、エジプト、ギリシア、ローマ、そして近代のヨーロッパ、アメリカなど時代や地域をこえてその名のとおり転々ところがってきた利器である。そうして今日、汽車や電車の車輪になっている。であるから、ちょっと教えられれば、文明人でも原始人でもオートバイや自動車の運転はできる。子どもだって簡単に自転車にのることができる。

そこで西郷は「そういう文明の利便さにまどわされて大切な文化を失うな。文化をしっかりすえたうえで、文明を摂取せよ」という。文明はいつでも取りいれられるが、文化はいちど手放すと二度とかえってこないからだろう。

というのも文化はいわば生き物であり、それが解体されると、その社会の有機性が失われてしまうからだ。人々の生活慣習もモラルもなくなった殺伐とした社会になってしまうのである。

そういった悲劇を、今日、わたしたちはアジア、中南米、アフリカ大陸などの国々で数多くみている。それらの国々ではしばしば「文明人」が大量の文明をもちこんだ結果、それらは根づかず、かわりに自国の文化が破壊されて無残な姿をしめしているのである。

西郷は地域分権国家をめざす

しかし「そういう文化はけっこうだが、経済や政治、さらには国防といったことをどうするのか？　国がまもられなければドイツの三十年戦争のように国土はめちゃめちゃになるのではないか？」という疑問がおきるだろう。

西郷は軍事についてこういっている。

無限の虚勢を張るべからず。兵気を鼓舞して精兵に仕立てなば、兵数は寡《すくな》くとも、折衝、禦《ぎょ》悔《かい》ともに事欠くまじくなり。

つまり西郷は「少数精鋭」を主張している。「精兵にすれば兵数は少なくとも防禦に悔いなし」という。そのあたり西郷には、さきにのべた鳥羽伏見の戦いなどの経験があったからだろう。だがそれだけではない。戦いには地の利ということがある。

ために大久保の中央集権国家にたいして西郷は地域分権国家をかんがえていたようだ。そうしないと外国から侵略されたとき、少数の人間と少数の武器でまもることができないからである。じっさい、日本の「地域分権型社会」の伝統の根強さは、かつての秀吉や家康の力をもってしてもどうしようもなかった。であるから、幕藩制のような封建体制をみとめざるをえなかった。というのも日本社会は、むかしから「七内八崎」といわれる「山あり谷あり、崎あり島あり」のこの嶮陥な国土にみあう分散した姿だったからである。おおくの人民がそういった深山絶谷の地に割拠しているのでは、かれらがひとたび反乱をおこせば防ぎようがない。

それは元弘三年（一三三三年）の千早城の戦いでじっさいに証明された。『太平記』によると百万の鎌倉軍は、楠正成とその千人の兵がまもる河内の千早城を落すことができず、とうとうそれが原因となって鎌倉幕府は崩壊してしまったのであった。

もちろん西郷も明治四年に「廃藩置県」をおこなって中央権力を強化したが、それは主君の島津久光をはじめ維新にしたがわないおおくの藩主たちを退場させるためであった。そのあと西郷は「御地のことは御地の人におまかせもっそ」の精神にしたがい地域主権の復活をかんがえていた。じっさい西郷は、戦争に負けた相手側にいつも敗戦後の処理をゆだねたのである。江戸開城のあとの治安維持を幕府の勝海舟にまかせたようなことだ。

そういう西郷は、明治六年の「陰謀事件」のあと郷里鹿児島にかえって、じっさいに地域分権社会の見本となるような郷士の建設にとりくんだのである。

「西郷王国」は抹殺された

西郷がまずやったことは、火山灰があつくおおう鹿児島の台地での米づくりであった。

二宮尊徳の高弟でその仕法をつたえる小田原の富田高慶をよんできて、芋ばかりつくっていた県内各地で新田開発をやった。また米沢藩主・上杉鷹山の「国家閑暇なれば士をして農につかしむ。開墾につとめ養蚕をおさめしむ」のことばにしたがって開墾社をもうけ、若者たちを「屯田兵」に仕立てた。さらにみずからも居を農村にうつし、鍬をふるって土地をたがやしたのである。つぎに、群馬の富岡製糸場から技師をよんできて養蚕・製糸をやらせた。また、静岡の徳農家をつれてきて製茶を実行にうつした。

明治維新で西洋化にふみきった日本は外国から欲しいものは山ほどあったが、輸出するものが江戸時代の美術工芸品ぐらいしかなかったとうじ、日本政府は絹と茶の生産に力をいれ、その輸出品が日本の総輸出額の六割にもたっするようになったのだが、西郷はそういうことを早くに見こして鹿児島で実践していたのだった。

そのように故郷の生産に心する一方、つぎに手がけたのは県内の組織と軍事である。それは鹿児島をはじめとする町々だけでなく、県内一円の村々の連帯にあった。郷という今日でいえば町村にもあたる地方組織の復権と活性化である。西郷の「重郷主義」といっていいものだ。

その中心として、西郷は若者たちをあつめて「私学校」なるものをつくった。鹿児島に本校と十二の分校を、さらに各郷には百二十四の分校をもうけた。そこではまず儒教道徳をおしえ、かたわら砲術をまなばせた。「銃隊学校」である。ほかに砲隊学校や士官養成の章典学校などもつくった。

そういう私学校生に各郷の行政、警察さらには裁判などもやらせた。つまり自治を必須としたのである。

このような若者たちにたいする西郷の方針は「文武両道」ではなく、じつは農もくわえた「文武農の三道」といえる。

こうして西郷は鹿児島県内に、私学校生を中心に教育と軍事と行政と、さらには農業までもやる「一大民兵国家」をつくりあげたのであった。

それを見た政府は「西郷王国」といっておそれたが、西郷にしてみれば鹿児島は「分権国家日本」のなかの一小国にすぎない。そういう小国で「御地のことは御地の人におまかせもっそ」を地でいっただけである。

じっさい、西郷は若者たちにこのような軍事訓練をおこなったが、それは政府軍と戦うことなどでは毛頭なかった。西郷が常日ごろ桐野利秋らの腹心にかたったところによると、それは対ロシア戦にあった。ロシアが仮想敵国だったのだ。西郷はいずれロシアが南下してくる、とみていた。そしてそれは三十年後に現実となったが、そのとき西郷はもういなかった。

そのほか西郷はいろいろの社会改革をやった。

士農工商の身分制を廃止したり、穢多《えた》非人を解放したり、キリスト教を解禁したり、金でしばられた芸妓身分を自由にしたりなどした。

なかに面白いのは、東京にいたとき太陽暦を採用したのに、故郷鹿児島では太陰暦にもどしたことである。それを西郷のご都合主義といって非難する人もいるが、しかし中央政府では外国との関係もあって太陽暦を採用せざるをえなかったけれど、故郷では太陰暦のほうがなにかにつけて生活に便利だからだ。すると社会は「二重の制度」をもつことになるがべつに問題はない。げんに日本の年号も、社会的には天皇を一世一元とする元号と西暦紀元の年号の両方をもちいていてかくべつ混乱はないからである。

そういう二重制度は、じつは日本社会には文字、言語、度量衡などおおくの分野で多数存在している。宗教にいたっては神仏混交である。それら二重制度は日本文化の特色といってもいいほどのものでべつに不思議ではない。卑近な話、平均的な日本人の食事は、朝はパン、昼はラーメン、夜は茶漬けなどといったように洋・漢・和の混交である。そんな食事をしている国は世界のどこにもない。

それらもまた、この国の歴史と風土がもたらした多重性の文化といってもいいものである。

このように西郷は、故郷鹿児島でおおくの新しい「地域自治の実験」をおこなったが、明治政府は、それを西郷の中央政府にたいする反逆行為とみなした。そして木戸の要請と大久保の手配とにより、多数の警察官がスパイとして鹿児島に派遣された。それがきっかけとなって西南戦争がおこった。そうして西郷は殺された。

かつてわたしは、鹿児島における西郷の五年間の行動と業績をしらべるために鹿児島に調査にでかけたが、鹿児島県庁にも、鹿児島市役所にも、維新の資料をあつめた黎明館にも、西郷南洲記念館にも西郷の鹿児島での業績をつたえる資料は一切なかった。とりわけ私学校関係の資料は皆無だった。ついにわたしは何物もえられず、茫然とかえってきたことをおぼえている。

そしてこのときわたしはおもった。「こんなに何もかもないということは、あきらかに人為的操作がくわわったからではないか?」つまり西郷だけでなく、西郷の鹿児島における五年間の治績もまた完全に抹殺された、ということである。現代の「焚書坑儒」というほかない。

だれの手によってであろう?

それは、みなさんの推量におまかせするしかない。

3 もう一つの「明治維新」

――スイスにまなぼう――

木戸孝允とスイス

岩倉使節団が欧米をまわったとき「日本のモデルをどの国にするか」という感想は、各人によってみなちがったようだ。

スイスにはいったときのことである。

一行はそこで、さきにのべたレフ・イリイッチ・メーチニコフに会った。イタリア統一運動をすすめるジュゼッペ・ガリバルディの参謀もつとめたという国際的革命児である。

そのかれは、岩倉使節団の全権大使の岩倉具視についてこう書いている。

ピョートル大帝の大の崇拝者であったかれは、このロシアの改革者の肖像画の一大コレクションを今回の旅行でもちかえっている。

そして副使の大久保利通についてはこうだ。

フランスの中央集権制にほれこんだ大久保は、パリで得々としてセーヌ県の複雑な機構とナポレオン法典の研究にいそしんできた。

おなじく副使の木戸孝允については、

日本議会の招集を夢み、ほどなくすばらしい炯眼をもってこう洞察した。すなわち長期にわたる共同体制をそなえたスイスこそ、領土の狭さにもかかわらず、多様な地域的、歴史的特性をもった日本のような国の為政者にとって格好の政治的教訓になる。

（以上、メーチニコフ『回想の明治維新』）

なんと「維新の元勲」の一人の木戸はスイスに注目していたのだ。

ともあれヨーロッパで、日本の正使と二人の副使がみた「理想の国」は、このようにロシア、ドイツ、スイスとまるで異なっていた。一つの使節団とはいうものの、幹部たちの政治思想はかくもちがい、この欧米視察はいわば「同床異夢」の旅だったのだ。

とくに大久保と木戸の対立は視察団の当初からあったが、このころは決定的だったようだ。二人はたがいに口もきかなかった、といわれる。

西郷隆盛とスイス

さてメーチニコフは一行とあったすぐあとに、こんどは日本から直接に「維新の貢献にたいしてあたえられた賞典をもとに東京に私立学校をつくるので、その組織を手伝ってほしい」という招請をうけた。

招請したのは西郷隆盛である。なんと維新の元勲はみなメーチニコフと関係していたのだ。

しかし、それはすぐには実現しなかった。そのあとにさきの「陰謀事件」がおきて西郷は故郷にかえってしまったからである。

招請をうけたものの主をなくしたメーチニコフは、やむなく木戸と、さらに西郷の弟の西郷従道をたよって東京にやってきた。

それにしても、西郷が一度も会ったことのないロシア人メーチニコフをスイスから招請したのはなぜか？　それは従弟の大山巌の推挙があったから、とおもわれる。

大山はそのころ、スイスでフランス語の勉強をしていた。そしてメーチニコフとは毎日のように会っていた。メーチニコフは大山にフランス語をおしえ、大山はメーチニコフに日本語をおしえる、という交換教授をしていたからである（大山巌『滞欧日記』国立公文書館蔵）。

しかし大山の日記には、メーチニコフについて「あるロシア人」とだけしるされ、名前は一切かかれていない。「メーチニコフがロシア政府のお尋ね者だった」だけでなく、大山自身も「スイスの銅製山砲の研究をしてくる」といって日本を発ちながら、それについてはなにもしていないからだ。フランス語の勉強も、フランスですればよいのになぜスイスまでやってきたのか？

そもそも大山が洋行したのは、ヨーロッパとりわけロシアの情報収集のためだった、とわたしはみている。とうじ日本がいちばん恐れていた国はロシアで、したがってその具体的な動向を何より知りたかったからだ。その点スイスとりわけジュネーブはメーチニコフのように世界中の亡命者のメッカだったから、ロシアの情報をうるのには好都合だったにちがいない。

西郷もそのことを十分承知していたのだろう。もっといえば、大山は日本の、というよりは西郷の派遣したスパイではなかったか？　すくなくとも西郷の賛同はえていたにちがいない。だから西郷は、大山の推挙があってとおもわれるがメーチニコフを招いたのである。メーチニコフから直接ロシアの内情をききたかったのだろう。

そういう西郷の行動にはいろいろの背景がある。

というのは、西郷は主君島津斉彬の影響によって世界に目をひらかされていた。それもたんなる観察でなく、シベリアに何人もの偵察隊員を派遣するなどといった情報収集にもつとめていた。万事用心ぶかい西郷の真骨頂といえる。

じっさい鹿児島の武村の自宅の座敷の四面には、ピョートル、ネルソン、ワシントン、ナポレオンの四枚の銅版画がかかげられていたという。

写真２　西郷隆盛

「そこにスイス人はいないのか？」といわれるかもしれないが、西郷は主君の島津忠義から拝領したスイスの金時計をつねに懐中にしていたというから、自身がウィリアム・テルだったのかもしれない（**写真2**）。

それはともかく、もともと西郷はスイスには特別の思いがあった。

維新のまえに江戸にいたとき、かれは横浜にすんでいたスイスの商人ジェームス・ファーヴル・ブラント(一八四一〜一九二三)を薩摩屋敷に招いていろいろ話をきいている。のちブラントが自宅につくったスイス射撃協会の会員に、西郷の腹心の大山や村田新八らとともに名をつらねている。

そして後年、京都で幕府と一戦をまじえようとしたとき、西郷は薩英戦争の機縁で友好関係にあったイギリスからの武器提供の要請をことわり、ブラントに武器調達を依頼している。そして西郷の命により、大山巌が三千丁の銃を横浜から京都まではこんだのであった。その銃をつかって西郷は鳥羽伏見の戦いで幕府軍に勝った。明治維新を成功させた。明治維新はスイスから調達した銃砲のおかげで成功した、といえるのである。

ではなぜ西郷はイギリスからの要請を断り、スイスから武器を調達したのか?

西郷はさきにものべたように、日ごろから西洋の「植民地主義」をはげしく攻撃していた。であるからいかにイギリスと友好関係にあっても、アヘン戦争をはじめとして残忍なことをしてきた植民地大国イギリスからの武器調達を潔しとしなかったのだろう。あるいは「イギリスから銃砲を買いもすと、あとが危のうごわす」とおもったのかもしれない。西郷はイギリスからの要請にたいして「日本の国の変革はおいどんらの問題でごわす」といって丁重に断っている。

かんがえてみると欧米列強のなかで、そのころから今日まで植民地をもたなかった唯一の国はスイスである。西郷はそこを見ていたのだろう。「スイスだけは植民地をやりもさぬ」と。

であるから西郷のスイスにたいする思いいれはふかく、ブラントとの交友も親密なものがあった。西郷は西南戦争で死ぬ一年まえにも、死の予感があったのかブラントに別れをつげている。

いっぽうブラントも、西郷の死後、西南戦争で傷ついた西郷の子息の菊次郎をかくまっている。危ない綱わたりをやったのだ。菊次郎はのちゆるされて京都市長になったが、それもブラントのおかげといっていい(ロジャー・モッティーニ『未知との遭遇・スイスと日本』彩流社)。

とすると、大山の三年間にわたるスイス行も理解できるではないか。

さらに大山だけでなく、村田も岩倉使節団に参加したあとスイスに一年ほど滞在している。

すると西郷は、スイスのことについては公に何も語っていないが、心中、期するものがあったのではないかとおもわれる。

とすると、メーチニコフを招んだのも当然のことだったろう。

信義の国・平和の国・豊かな国

このように西郷とスイスの因縁は浅からぬものがあったが、それも、さきにのべたように欧米列強にあってスイスが唯一植民地をもたなかったからだろう。

では、なぜスイスは植民地をもたなかったのか?

スイスは歴史上、なんども外国から攻められたが、国土の天険と人々の団結とによってそのつど撃退している。

またスイスは一五一三年に逆にイタリアに侵入したが、一五年にフランソア一世の軍に完膚なきまでに打ちのめされ、それいらい外国に攻めていくことがなくなった。国内の山岳戦には強くても国外の平地戦では負けることを知ったからかもしれないが、それだけではないだろう。スイスという「連合」を構成する各共同体は外国からの侵略軍にたいする国土防衛については意見が一致しても、対外進出となると意見が割れたからではないか、とおもわれる。

そういう「非戦の伝統」があったからだろう、一八一五年には、国際的に「スイスの永世中立」と「スイス領土の不可侵」が承認された。このようにスイスの領土が国際的に不可侵になった以上、こんどはスイスが植民地戦争に参加して外国の領土を奪いとることなどできない。

そういった歴史的背景からか、一九九九年に制定されたスイス憲法の第五条第三項には「国家と国民は信義にしたがって行動しなければならない」と書かれている。つまりスイスは、十九世紀の欧米が熱病のようにうなされた植民地獲得競争を率先して降りただけでなく、とうとう二十世紀末には「信義を国是とする国家」であることを内外にアッピールするまでになったのであった。

じっさい、このような道徳的徳目を自己規定した憲法をもつ国は世界にもあまり例がない。

こうしてスイスは、さきにのべた永世中立をかかげる「平和の国」であるだけでなく「信義の国」を内外に宣言する国になったのである。

さらにスイスには「豊かな国」というイメージがある。それは今日、一人あたりの国民所得が世界一であることにしめされる。スイスは現在、EUに加盟しているが、しかしユーロという通貨をもちいず、したがってユーロをめぐる今日のヨーロッパの経済的・政治的混乱の局外にたっている。経済的に豊かであるだけでなく、ヨーロッパの政治的混乱の外にもたっているのだ。

賢明というべきか狡猾と難じるかはともかく、まことに羨ましい国であることにはちがいない。

直接民主主義はどうして生まれたか？

じつは、まだほかにも羨ましいことがいろいろある。

それはスイスの社会には社会的混乱というものがほとんどなく、いつも安定していることだ。具体的にいうとデモやストといったことが、現在はもちろん過去にもほとんどないのである。

今日、世界の各地ではいろいろのデモやストがおき、なかには悲惨な内戦にまで発展しているところがあるが、スイスはそういったこととはおよそ無縁な国なのである。

たとえばスイスの政治の世界をみると、もちろんそこにも政党はいろいろあり、それぞれの政策も主張もことなっているが、しかし第二次世界大戦中にはじまった「全政党政府」が今日もつづいていて、大きな四つの政党、すなわち国民党、社会民主党、急進社会民主党、キリスト教民

写真3　スイスの内閣　4つの政党が7人の連邦閣僚を出し、うち1人が毎年大統領になる（右端を除く7人。スイス連邦政府ウェブサイトより）

主党が連立を組みつづけ、いわばほとんどが与党になっている。野党はごく小さな政党がいくつかあるだけで、ぜんぶあわせても国民議会と全州議会の議員の一五パーセントにも満たない。八五パーセントは与党なのである。

とすると提出される議案もほとんど通るわけである。まさに「翼賛議会」といってよい。

そういう翼賛議会の政府の大臣も、これら与党から一人ないし二人でて、合計七人で構成され、七つの省をひきいている。その比率は「魔法の公式」といわれ、長年つづいている。首相はおかれず、その七人が輪番で毎年、大統領をつとめている。まるで町内会のような国だが、それでもちゃんと国家を運営しているのである（**写真3**）。

というと「スイスはアルプスの山間の小さな国で、おなじような人間ばかりがいるからそれも可能なのだろう」といわれるかもしれないが、じつはそうではない。

たしかにスイスの人口は六百万ほどしかない小さな国だが、スイス人が話すことばは地域によってドイツ語、フランス語、イタリア語、ロマンシュ語と四つもあり、それらはみなスイスの公用語になっている。

宗教もカトリックとプロテスタントがほぼ半々で、過去にはたびたび悲惨な戦争をくりかえしてきた。

またスイスという国は大きくわけて南のアルプス山岳地帯と、北のジュラ山脈地方と、その間の平原部の三つから構成されるが、うちアルプス山岳地帯は酪農がさかんだが土地は貧しく、ジュラ山脈地方も貧しい農村地帯である。それに反し中間の平原部は今日、農業、工業、商業の集中地域で、人口もスイス全体の三分の二以上をしめるゆたかな地域になっている、というように地域性もみなことなっている。

であるのに社会が安定しているのは、そのすぐれた政治にあるといっていい。

ではその政治はなにか？というと「直接民主主義」である。つまり大事な問題はみな国民が投票で決めるのだ。それがあるおかげで、社会には大きな問題や対立がないのである。

では、どうしてそういう政治制度が生まれたのか？

それには長いスイスの歴史がある。

アルプスの貧しい土地

およそ三千年まえごろまで、スイスとりわけアルプス地方は貧しい土地だった。貧しいというのは、この地はその高い標高から氷河時代がおわっても、なおながらく氷河におおわれていたからである。その氷河の下は岩石ばかりで動物も植物もほとんど生息しない土地だった。つまりここには、生物をそだてる土壌というものがほとんどなかったのである。であるから、氷河が去った一万年あとも植物の生長ははかばかしくなかった。動物も、特殊なものをのぞいてはあまり寄りつかなかった。

二千五百年まえごろ、そういう貧しい土地にケルト民族の一派のヘルウェッティイ族がやってきた。かれらはもともとヨーロッパの森の主人公だったが、新たに北方からやってきた獰猛なゲルマン民族に追われてアルプス高地に逃げこんだのであった。

しかしこの土地の貧しさにたえかねてさらに西方への脱出を試みたが、古代ローマのジュリアス・シーザー（BC一〇〇〜四四）のひきいる軍勢にさえぎられた。シーザーはヘルウェッティイ族を北方ゲルマン諸族の防波堤にしようとしてアルプスに閉じこめたのだ。しかたなくかれらはこの地にとどまった。

それからローマ帝国やカトリック教会の関係者、さらには東方からラエティア人などがはいりこんできたが、大事件はゲルマン民族の進入であった。ブルグンド族、アレマン族、ランゴバルト族などがつぎつぎにやってきて、スイスの西、東、南にそれぞれ腰をすえた。かれらは麦や牛などの生産力をたずさえてきてこの地に定着したのであった。

今日、さきにのべたようにスイスが四つの公用言語をもっているのもこれら部族のせいである。しかも二千年たってもかれらの話しことばが融合しない、というのも、これら部族がもっているそれぞれの文化の頑固さというほかない。方言にいたっては、今日「谷ごとに異なる」とまでいわれている。

さてアルプス地方に定住した人々は、その土地の貧しさのために小麦などの栽培だけでは生きていけなかった。かれらは農業のほかに、林業さらには中近東からもたらされたであろう山羊の放牧を身につけた。アルプスの山野に多数の山羊を放牧してこの貧しい土地で生きのびたのだった。

ヨハンナ・シュピリの小説『アルプスの少女ハイジ』にでてくる少年ペーターの姿は、そういったかれらの生きざまをしめしている。つまり夏の夕暮「雪の山が真っ赤に染めあがる幻想的世界」で、ペーターは鞭と口笛だけでたくさんの山羊を自在にあやつるのだった。

創意工夫をこらして自由農民に

もちろん、さきにのべたようにスイスにはほかにもいろいろの土地がある。アルプスとジュラ高地にはさまれた平野部では農業開発がすすみ、司教座や修道院を中心とする集落、封建貴族の領国、市場町、都市などが形成された。

しかし、アルプス山地は貧しかった。そこでペーターのような山岳農民たちは、森林、入会地、山羊などを共同で管理してほそぼそと生きのびたのである。

ところが中世になると、ヨーロッパで商工業が発達した。そして南北ヨーロッパの物資の交流のために、スイス各地の峠が脚光をあびた。その峠をおさえようとして、オーストリアのハプスブルグ家の騎兵隊がアルプスに侵入してきた。

その話は、ドイツの詩人ヨハン・C・F・シラー（一七五九〜一八〇五）の戯曲『ウィルヘルム・テル』によってよくしられる。村にすむウーリという弓の名人の山岳農民がオーストリアの代官に難癖をつけられたあげく、息子の頭の上のリンゴを弓で射落とす話だ。かれがそれをみごと成功させると、オーストリアの圧政に苦しめられていた人々が立ちあがってとうとう代官を追いだしたのだった。

ここに永年、貧しい土地で創意工夫をこらして生きてきた人たちの、何者にもしたがわない気概をもつ「自由農民」の姿をみる。

　もっとも自由農民というのは、法的にもその身分がさだめられている。古代いらい束縛されていた司教・公・伯といった土地領主からはなれて神聖ローマ帝国に直属し「自由身分」を獲得した農民たちをいうからである。したがって皇帝にたいしては従軍義務や納税義務を負うが、土地領主のいうことはきかない。

　そういう自由農民たちは渓谷ごとにすみ、その渓谷内にうまれたさまざまな共同体は集合して渓谷共同体をつくる。ラントとよばれるものである（U・イム・ホーフ、森田安一訳『スイスの歴史』）。

　そうして一二九一年にウーリ、シュヴィーツ、ウンターヴァルデンの三つのラントが「森林邦」としての同盟をむすび、一三一五年に、圧倒的なオーストリア軍をモルガルテンの戦いでやぶって今日のスイスの国の原型をつくったのである。

　その三つの森林邦は現在三州になり、そのごにくわわったラントや都市などが二十三の州となって今日のスイス連邦が構成されている。ということからみてもわかるように、スイスという国はそもそも自由農民がつくった国なのである。

　では、なぜスイスにそういう「自由農民」が生まれたのか？

　そのためには「農業とはなにか？」をかんがえてみなければならないだろう。

　世界の農業は、いまから七、八千年ほどまえごろメソポタミアのチグリス、ユーフラテスの二大河川の流域で組織的にうまれた、とされる。

そのころメソポタミアの多くは森林地帯だった。

その森林が沃野になったのは、五千年ほどまえにできた『ギルガメシュ叙事詩』によると「都市ウルクの王ギルガメシュが青銅の斧で森の王フンババの杉の木を伐ったからだ」とされる。そうしてフンババは殺される。

そして永遠の生命を求めるギルガメシュは、さらにすすんで「生命を新しくする草」を発見し、ウルクの城にもちかえった。それはコムギではなかったか？

この伝説をみると、農耕は自然にうまれたものではなく、森という自然をこわす人間の殺戮行為の延長線上にうまれたものであることが示唆されるのである。

しかもそうしてうまれた沃野における農耕は、じつは大変なものだった。というのも狩猟は半日で成果をえられるが、農耕は半年ぐらいかけておこなわないとその成果がえられないからだ。するとその間の手間暇と管理は大変なものがある。となると、そこに「組織と強制」がなければ人々は働かない。つまり「国家」が必要とされたのだ。

すると、初期の農耕はたいてい「国家とその農奴によっておこなわれた」といえるのではないか？　そういう「農奴的農民」は、古代エジプト、古代ローマ、中世ヨーロッパなど世界各地に数多くみることができるからである。

ところがここに「農奴的農民」でなく「職人的農民」といっていい農民があらわれた。かれらはすべて貧しい土地からうまれた。というのも、豊かな土地では権力者がすべての土地を縄張りして人民を入植させ、人民はただそこで働かされるだけだが、貧しい土地には権力者がいないかわりに、そこに住みついた人々が創意工夫をこらして土地を開発しなければ生きていけなかったからである。つまりかれらは「農奴的農民」でなく「職人的農民」にならなければならなかったのだ。

そういう「職人的農民」の典型が、沼沢地や丘陵地を開拓したイギリスの独立自営農民のヨーマンであり、海を開発したオランダの干拓農民であり、貧しいアルプスの地に創意工夫をこらして生きぬいたスイスの山岳農民なのである。

こうしてスイスの山岳農民は「アルプスに生きる職人的農民」として自分たちの国をつくったのであった。

かれらがたんなる農民でなく自由農民だったわけである。

傭兵から産業革命へ

とはいっても、スイスという国がいぜんとして貧しいことにはかわりはない。そこに生きる自由農民も、独立をかちとったとはいえ生活はあいかわらず貧しかった。

写真4　スイス・ルツェルンのライオン記念碑　スイス人傭兵の死を象った彫刻。多くのスイス人が涙する

そこでやむをえずかれらがとった方法は「血の輸出」だった。

スイスの若者たちがハプスブルグ家の精強な騎兵隊をやぶった名声は全ヨーロッパになりひびき、戦乱たえまない時代にあって、ヨーロッパ各国がスイスの若者を傭兵として雇いたがったからである。

スイスはそれに応じた。

ただし、戦争をする片方の国だけでなく、その両方の国に傭兵をおくったのである。一方の国にだけ傭兵をおくると「その国と同盟をした」とみられ、スイスもまた戦争にまきこまれる恐れがあったからだ。

ところが傭兵をおくられた国は、スイス傭兵をみな戦争の最前線にはりつけた。「スイスの傭兵が強い」だけでなく、自国の若者を殺したくなかったからである。
するとヨーロッパの戦争では、どこでもスイス人どうしが最前線で戦うことがおおくなった。スイス人の悲劇である（**写真4**）。

しかしその悲劇を、スイス人はほぼ三百五十年間耐えつづけた。十五世紀末におこった傭兵制は制度的には十九世紀半ばまで存続したのである。

そのスイスの傭兵制がなくなったのは、ヨーロッパの戦争の形が「国王の戦争」から「国民の戦争」にかわったことによる雇用側の事情といわれるが、供給側の事情つまりスイスが産業革命によって豊かになったこともみのがせない。

もっとも、鉄も石炭もないスイスが産業革命に成功したのは、アルプスの水力を利用したからであった。蒸気力でなく水力によって機械をうごかしたのである。職人的農民の伝統だろう。

さらにその機械工業も、時計産業のような精密機械工業をえらんだことが大きい。資源にめぐまれないスイスであるから、生産量が少なくても、あるいは製品価格が高くなっても、重量にたいして付加価値の高い精密機械産業をえらび、それが成功したのだった。

くわえて、傭兵制の遺産としての銀行業がプラスした。傭兵たちがえた給料を故郷に送金したことからスイスに多数の銀行が生まれ、その銀行の資金が新しい産業の設備資金になったのである。

こうして今日の豊かなスイスがうまれた。

すると、以上みたスイス経済の発展の歴史のなかにも、創意工夫をこらす「自由農民の伝統」をみることができるではないか？

一八四八年の「スイス維新」

いまのべたのはスイスの歴史の経済的側面である。いっぽうその経済をささえるスイス史の政治面は、じつは対立と抗争の連続であった。

いくつかのラントが森林邦をつくって外国の侵略にたいして防衛をしたのはいいけれど、その内部では、それぞれの部族の違いや地域の格差などがあって対立や分裂をくりかえした。

そのうえにおきた問題が宗教改革だった。スイス国内においてもカトリックとプロテスタントが激しく対立したのである。

一般的には、伝統の墨守と地域の愛着心から畜産・酪農を中心とする農業従事者たちは地域主権やカトリシズムをまもり、産業革命によってうまれた新しい階層は自由の獲得と商品流通などから中央集権やプロテスタンティズムをのぞんだ。

両者のあいだになんども抗争がくりかえされた。

さらにフランス革命のけっかヨーロッパに自由主義がひろがると、スイス国内も騒然となった。

フランス軍がスイスに進入し、フランスによる中央集権的傀儡政権がつくられ、また地域主権的な連邦制にもどるなど、スイス社会は右左にゆれた。一八四一年以降にはそのような対立が決定的となり、とうとう新旧のキリスト教勢力が国内を二分する一大決戦をおこなったのである。

そして勝者になったプロテスタント側の主導で、四八年に近代国家がつくられた。現在につながるスイス連邦である。それは近代国家の常道である中央集権制を基本とするものだったが、しかしそれ一辺倒にはならなかった。スイスの伝統的な地域である州（カントン）の主権もおおばに尊重されたからである。

そうなったのも「自由農民」の伝統があったからとおもわれる。

というのは、誇り高き自由農民はかれらの上に君臨する権力をみとめず、ためにつねに団結して抵抗するが、その団結のためにはたがいの意思をたしかめあわなければならない。スイスにはそういう意思を確かめあう場として、昔から有権者が野外にあつまって議論するランツ・ゲマインデという制があった。広場における「有権者全員会議」である。その会合における議事は一般に二分の一多数決でなく三分の二多数決で採択された。多数ではなく「大多数が賛成しないと団結がくずれる」からである。そして大多数の賛成をうるために、多数者側は少数者側に妥協をかさねるのだった。

そういう全員会議と大多数主義のおかげで、かれら自由農民の団結は強く「平時には助けあい、

絵1　スイスのランツ・ゲマインデ　屋外住民集会の模様

戦時にはひるまず戦う」といわれたものである。

これがスイスの直接民主主義の起源である（**絵1**）。

したがって四八年の憲法策定においても国をあげての「有権者会議」がおこなわれた。つまりさきの「新旧キリスト教戦争」で負けた側の州もみな参加したのである。そのうえで新憲法の採択に必要な三分の二多数を獲得するために、多数者つまり勝ったプロテスタント側は、少数者つまり負けたカトリック側にたいしておおはばな妥協をかさねたのであった。

そのけっか、中央集権と地方分権の両方の性格をもった連邦国家が誕生したのである。

それが現在のスイスにつながる一八四八年のスイス革命であり、わたしはそれを「明治維新にさきだつ維新」すなわち「スイス維新」とみる。

というのも、そのスイス維新なるものは近代国家の創始として非常にユニークだからだ。

たとえば、ドイツもまたスイスとどうように中世いらい八百年間、多数の「領邦国家群」だったが、十九世紀にそれら領邦国家は新興国家プロイセンによって束ねられ、中央集権のドイツ帝国になってしまった。また隣国イタリアもながらく小国家の集合だったが、一八六一年に、中南部イタリアのサルディニア王国への併合という形で中央集権的立憲王国になっている。日本も、そのドイツやイタリアのあとを追って中央集権国家の道をあゆんだのであった。

しかしかんがえてみると、日本はそのときスイスを追う道だってあったのだ。さきにみたように木戸はスイスにあこがれ、西郷はスイスといろいろ交渉をもっていたからである。それが大久保の「西郷打倒事件」ですべて消えたのであった。

こうして、それまで地球上の東西の「地域主権国家」だった日本とスイスは、いご、正反対の道をあゆむことになったのである。

直接民主主義は衆愚政治か?

そのスイスも、今日では州や市町村の人口増加のためにランツ・ゲマインデの実行は難しくなってきているが、それでも議会に代えて「市町村民集会」をもつところが多い。またそのような集会ができないところでは、一定の議案について有権者が直接投票してことを決する「投票箱制度」がおこなわれている。

この直接民主主義のほかに連邦と州には議会がある。市町村も議会をもつところがあり、間接民主主義も併用している。であるからスイスは「半直接民主主義」などといわれるのだ。

それにしても、市町村民集会や住民投票という形でおこなわれる「直接民主主義」はたいへんなことである。国民であり、州民であり、かつ、市町村民であるスイス人の関心のある問題は、たいてい住民集会のほかに国民投票や住民投票にもかけられるからだ。それが年に三、四回もある。そのとき国民投票、州民投票、市町村民投票などがどうじにおこなわれ、多数の案件についてスイス人は一人一人みな決定をくださなければならない。国民も政治についていろいろ勉強せざるをえなくなるのである。

もちろんこのような制度にたいして、古くから「衆愚政治だ」「マスコミに踊らされる」などといった批判がある。

しかし「衆愚政治」か「マスコミ政治」かはともかく、スイスはそういった制度を一八四八年から今日まで百六十年以上もつづけてきているのだ。

その間、世界にはいろいろのことがあった。

写真５　スイスの首都ベルンの中心部の鳥瞰　中央大通りの両側にラウベン（石のアーケード）が続いている

しかしスイスはこの「国民の政治参加」によって、まわりの列強が血道をあげた植民地獲得競争に参加してアジア・アフリカの人々の怨みを買うこともなく、また永世中立を宣言して、ヨーロッパを震撼させた普墺戦争や普仏戦争、世界を二分した第一次、第二次世界大戦にまきこまれて国土が破壊されスイス人が殺されることもなく、百四十年間、国家の平和と社会の安定とを維持してきたのである。

いっぽう中世いらい、おなじような分権国家だったドイツは、二度の大戦で多くの人々が殺されたうえに、国土をめちゃめちゃに破壊されたのであった。

その両者の違いは、今日それぞれの首都ベルリンとベルンをくらべてみるとわかる。

ベルリンの市内はいまだに廃墟を数多くみかけ

るが、ベルンの町は中世都市そのままで、中心にはラウベンとよばれる六百年前の石づくりの重厚なアーケード街が一・二キロメートルもつづき、ユネスコの世界遺産に指定され、多くの観光客でにぎわっている。そのなかに身をおくと、わたしたちは一瞬、中世にもどったような錯覚におちいるのである（写真5）。

しかもそういうスイスは、現在、国民所得が世界一という豊かな国になった。

それが「衆愚政治でありマスコミ政治の結果」というのなら、それも悪くないではないか？

永世中立は武装中立だった

「それにしても、直接民主主義で永世中立が維持されたのは結構だが、しかし永世中立だけで国がまもられるのか？　世界はそれほど甘くはないのではないか？」と問われるかもしれない。

そのとおりである。

永世中立という看板だけでは、一国の平和などは維持できない。

げんにベルギーは中立政策をとっていたにもかかわらず、第一次世界大戦、第二次世界大戦の二度とも、フランスに進攻するドイツによって国土を蹂躙され戦争にまきこまれたではないか？

じっさいそのとき、独仏国境はフランスの要塞が築かれていて突破が困難だったから、ドイツのモルトケもヒットラーもともに、最初はフランスに進攻するためにスイスの国土の侵犯をかんがえた。しかしかれらはそれをあきらめた。かわりにベルギーが犠牲になったのである。

なぜか？

スイスの国防力に恐れをなしたからである。

スイスは永世中立を宣言したけれど、それによって「まわりの大国がスイスに攻めてこない」などとは夢にもかんがえていなかった。であるから永世中立を宣言したスイスは、どうじに武装をした。永世中立とは「武装中立」だったのである。

じっさい世界の歴史をみても中立国ほど強国からねらわれる。なぜなら、中立国には軍事同盟国がないからだ。であるから武装中立が嫌なら、小国は軍事同盟をむすんで大国の属国になるしかない。

そういう弱肉強食の世界の動きのなかで、ナポレオン戦争の戦後処理であるウィーン会議において、さきにのべたようにスイスの永世中立、どうじに武装中立がみとめられた。それはフランスの再膨張にたいするまわりの国々の警戒心からであったが、またそれは永年のスイスの夢でもあった。

じっさい「絶えざる侵略の恐れ」ということはスイス七百年の歴史が教えてくれることである。大国の指導者たちは国内政治がうまくいかなくなると、すぐ対外的打開をはかってくるからだ。そのとき真先に中立国が犠牲になる。それがヨーロッパの歴史なのだ。

じっさい第二次世界大戦の初期にヒットラーの進撃でフランスが敗北したら、スイスのまわりはドイツ、イタリア、オーストリアとすべて枢軸国になってしまった。そのなかで小国スイスが中立国を標榜することは、まわりの枢軸国からは「反枢軸国」とみなされることになる。

スイス国民に恐慌がはしった。

そのときスイス軍最高司令官のアンリ・ギザン将軍は、全部隊長をスイス独立の聖地リュトリの丘にあつめてランツ・ゲマインデをおこなった。そうしてスイスの中立維持を確認し、もし外国軍隊がスイスの中立を侵犯したら、全軍は平地部をすててアルプスにこもる「アルプス砦作戦」をきめたのであった。

ためにヒットラーは第二次大戦当初、スイスを避けてベルギーからフランスに侵入したのだが、第二次大戦末期にイタリアが危なくなったとき、ムッソリーニを助けるべくドイツ軍をスイス経由でイタリアにいれることをかんがえた。しかしこの「アルプス砦作戦」によってスイス軍が「橋を落し、トンネルを爆破する」としたためその作戦をあきらめたのである。そうしてムッソリーニのイタリアは消滅したのだった。

またイタリアを降伏させた連合軍が、こんどはアルプスをこえてドイツに攻めいろうとしたがチャーチルがそれをおしとどめた。しかたなくルーズベルトはあきらめて、アイゼンハワーに命じてフランスのノルマンディー上陸作戦を敢行させたのである。しかしその作戦で連合軍は多数の死傷者をだしたのであった。

だがもしアメリカ軍がスイスにはいっていたら「アルプスの砦」にはまりこんでしまい、ニッチモサッチモいかなかったことだろう。第二次世界大戦の結末もどうなっていたかわからない。

地域の自衛なくして自立なし

そういうスイスの姿勢は、一口に「自衛なくして自立なし」といえる。自衛なければ「永世中立」も維持できないからである。

それは国家だけではない。

スイスには約三千の市町村があるが、それらはぜんぶ自立している。

なぜなら、外交と国防と農業をのぞくほとんどすべての行政事務を州と市町村がおこなっているからだ。とりわけ市町村の分担が大きい。したがって税収もほとんど市町村にはいる。国や州にはその一部を上納するだけだ。

ここで外交と国防はわかるが「なぜ国が農業か?」と問われるだろう。というのも、どこの国でも農業は工業や商業の生産性には遠くおよばないからだ。であるから農業は斜陽産業になっている。

しかし平時はそれでもよいとしても、一朝、戦時となると、国民は食料飢饉におちいる。

スイスも過去に、まわりで戦争がおきただけでなんども食料飢饉になった。すると国の外交も中立もあったものではない。食料を供給してくれる国に頭を下げざるをえなくなる。

過去の経験でそのことを身にしみて知ったスイスは、斜陽産業の農業を戦略産業として国が管理しているのである。

今日、スイスの食糧需給率は六割ほどだが、国民の食糧貯蔵量は三年分ほどもあり、まわりで戦争がおきたらその間にスイス中のグラウンドや公園、緑地、庭園、遊休地などを農地にかえて国民が生きていける食料を確保する方針になっている。

さてスイスの外交の基本方針はいうまでもなく「永世中立」だが、軍事はいったいどうなっているのか？

スイスの職業軍人は三千五百人ほどしかいない。そしてそのほとんどは将校か、空軍やミサイル要員などの高級技術者だ。余人をもって代えがたいからである。

すると一般の兵隊はすべて市民なのだ。民兵である。一八七四年の憲法で「市民はどうじに兵士である」という原則が定められたのだ。

そこでスイス人男子はだれでも二十歳以上になると、隔年に何週間かの訓練をうけなければならない。宗教上の理由などによって兵役につけない人は、べつの社会奉仕をおこなわなければならない。さらに民間防災員という制度があって、民兵にならない二十〜六十歳の男子の参加が義務づけられている。女性はともに志願制である。そしていざというときには民兵四十万人、民間防災員三十万人が防衛につく。スイス中がハリネズミになるのである。

そのさい、民兵はみな自宅に武器をもち、いざというときには武器と軍装で身をかためてあつまってくる。それも二日間以内とされる。

とすると、これはもうまったく「鎌倉武士」の姿ではないか？　鎌倉武士は家にあっていつも出陣の準備をしていたからだ。スイス人もまったくの「サムライ」である。民間防災員もふくめて。

では、そういうかれらは「どこにあつまるのか？」というと、民兵は州のさだめられた場所であるが、民間防衛員はそれぞれの市町村長のところである。そして市町村長の指揮下にはいる。

それが有事の鉄則である。

とすると市町村長は民間防災員の命を、ときには民兵の命をあずかる。そういう大事な市町村長をえらぶのは市町村民である。となると伊達や酔狂に市町村長をえらべない。ことは自分たちの命にかかわる問題だからだ。

では、なぜ民兵や民間防災員が市町村長のところにあつまるのか、というと、市町村をまもるためである。つまりかれらは、スイス連邦あるいは各州をまもるというより、それぞれの市町村をまもるのが鉄則だからだ。実質的には「市町村の民兵」といっていいものなのである。

というのも、過去の経験で外国軍隊がスイスに攻めてくるのはスイスの資源をねらうからではない。土地資源もふくめて、スイスにはねらわれるような資源はあまりない。では「なにがねらわれるのか?」というと、それはスイスの交通網とりわけ「アルプスの交通路」である。侵入者はそこをつかって「敵地」にはいるのだ。スイスには六つ七つのアルプス越えの峠があり、そのほか五、六本のトンネルがとおっているが、それらがねらわれるのである(スイス政府『民間防衛』原書房)。

そこでそれらの通路にあたる市町村は、その峠やトンネルにいたる道や橋を防衛する。そこには隠れた要塞やトーチカ、対戦車網等がある。いざとなったら橋を落し、トンネルを爆破する。その市町村のまわりにある市町村もその防衛に協力する。つまり市町村もまた防衛組織なのである。民兵や民間防衛員が市町村に結集するわけである。

こうしてスイスは国ぐるみ、ハリネズミのような防衛態勢にはいる。

これではモルトケやヒットラーも、またルーズベルトでさえもあきらめざるをえなかったわけだ。

ここで大切なことは、かれらは「自衛するから自立や自治がある」とかんがえていることである。つまり自衛をする人々が市町村長をえらび、市町村の仕事もきめているからだ。

言葉だけの「自立や自治」は、スイスには存在しないのである。

スイス人は「サムライ商人」

ここで大切なことは「スイス人はサムライ」ということだ、とわたしはおもう。なぜなら「いざ鎌倉」というときにはスイス人はみな軍人になるからだ。

スイス人がサムライである証拠は、かれらの行動にあらわれている。

というのは、レストランでもタクシーでもスイス人はチップを要求しない。定額どおりにはらって、それですんでしまう。もちろんホテルのベッドの枕銭なども不用である。

「なぜスイス人はチップをうけとらないのか？」というと、スイス人の多くはサムライだからというほかない。サムライはいうまでもなく人に物乞いなどをしない。たとえ人を助けても、自分が助けられようなどとはおもわない。スイス人にはいまもそういう気質がある。定価どおりにうけとればそれでいいのである。

このようにおおくのスイス人はサムライである、ということは、いつでも市町村のために、すなわちラントのために死ななければならない、ということなのだ。

そこで市町村のことや、州のことや、国のことなどの一切をサムライどうしの合議できめる。スイスでは重要問題をみな国民投票や住民投票できめるわけである。それらはいわば「サムライの投票」であり、それが「直接民主主義」なのである。

だから代議制の議員たちも日ごろは与党と野党にわかれているが、サムライどうしだからさいごには協調する。「武士は相身互い」である。あれこれいっても、招集がかかればみな戦場にゆき、いつ死ぬかわからない身の上だから、さいごには思いやりがはたらくのだ。

さらに資本家と労働者という立場のちがう者どうしでも、おたがいサムライだから、さいごには協調して事を処し、デモやストなどはほとんどおこなわれない。

それは商売においてもいえる。

スイスの商売は法と契約書中心のアメリカ流「契約資本主義」あるいは「競争資本主義」ではない。それは古くからライン川の商人のあいだで発達した「ライン資本主義」あるいは「信用資本主義」といわれるものである。

しかしスイスのばあい、わたしはさらに「サムライ資本主義」がくわわる、とおもう。「武士に二言なし」ということだ。

日本ではサムライのことばは絶対とされたが、どうようにスイス人もすべて信用を前提にことがすすめられ、口約束でさえまもられる。アメリカなどではかんがえられないことだ。アメリカでは友だちを家に招待しても、招待状をださないときてくれない。口先だけの言葉は、友人間でも信用されないのである。

日本の諺に「武士の命は義より軽し」とあり、サムライは信義を命より大切にしたが、さきのスイス憲法に「国家および国民は信義にしたがって行動しなければならない」とあるように、スイス人もなにより信用を大切にするのである。

じっさいスイスにいってみて気がつくことは、どこの町にもスーパーは一つか二つの種類しかないことだ。大きなゼネコンもたいてい州に一つしかないという。

ということは競争がないのである。「競争がなかったらボラレるのではないか？」とおもうが、どうもそんなにボラレないようだ。みな信用で交際し、信義で行動しているからだろう。まあじっさいには額面通りいっていないかもしれないが、そういうことを原則としている国なのである。

ためにスイスでは、同一産業部門の企業どうしが協調して市場を安定させるカルテルも、企業合同であるトラストも、独占的企業集団であるコンツェルンも、それらがスイスに伝統的で、かつ、今日のスイス社会の安定に寄与するものならばみなみとめられる。

日本では、いずれもアメリカ占領下に廃止されたものであるが、スイスではいまも生きているのである。

たしかにカルテル、トラスト、コンツェルンなどといった既成の経済社会のネットワークは、新しく生まれてきた者にとっては不公平だろう。個人主義のよさである「知略によって一介の個人が大企業をつくりだすチャンス」に欠ける。そういう意味での民主主義にもとるかもしれない。

しかし半面、過酷な企業競争がもたらす収入の格差、貧富の激化、敗者の悲劇、さらに企業戦争の過熱がもたらす買収、乗っ取り、汚職、自殺などといった社会的不祥事をふせぐことができる。みな伝統にしたがってはたらき、信用にしたがって行動するから、貧富の差の少ない社会がうまれるのである。

どちらがいいかは議論のあるところだが、スイス人がそういう生き方をしていることだけはたしかのようだ。そしてスイス人がそういう生き方をするのも、スイス人のおおくがいまなおサムライだからである。

しかしスイス人は、しばしば「とっつきが悪く、人情味がない」といわれる。また「男たちはいつも金の話ばかりしている」と批判される。

だがその半面、かれらはこのようにいつもサムライという顔をもっていることを見落としてはならない。

なんどもいうように、かれらは日ごろ農民、商店員、銀行員、国会議員などとしていろいろの仕事についているからわたしたちはみなふつうの市民とおもってしまうが、かれらはみな軍の階級章をもっていてふだんもたえず訓練に参加し、いざ招集がかかると、みな銃をもって戦場にいかなければならない。つまりかれらはすべて軍人なのである。

そういうスイス人男性だから、極端にいうとみないつ死ぬかわからない。日本のサムライも「武士の三忘」つまり「わが身、妻子、家を忘れて君につくす」といったが、スイス人男性も「三忘」

ではないか？

であるからスイス人の「人情味のなさ」も、それは統制にしたがう軍人の「頑なさ」であり「金の話」に熱中するのも、家も妻子もわすれなければならない、かれらにのこされた「唯一の遊び」なのかもしれない。

サムライ商人——それがスイス人の顔ではないか？　とわたしはおもうのである。

スイスの女性がなぜ女性参政権に反対したか？

以上、主としてスイス人男性についてのべたが、女性についても一言する。

スイスで女性参政権が連邦レベルでみとめられたのは一九七一年のことである。それは先進国ではもっともおそい部類に属する。といっても女性の社会的地位がひくいわけではない。むしろ逆で「女性参政権は、女性自身が反対だったからなかなかできなかった」といわれるぐらいである。

では「なぜ女性が女性参政権に反対するのか？」というと、女性が参政権をもつと、女性もいざというときには軍務やその後方任務につかなければならないからだ。「参政という権利」と「軍務などの義務」とはスイスでは一体のものなのである。

がんらいスイスの女性は日本の「武士の妻」のように、家計にはじまり家屋敷、使用人、家畜、物品の管理をふくむ家事一切、そして子供の家庭教育のすべてをみてきた。山内一豊が妻にあたえたという日本一短い手紙「火の用心、おせん泣かすな、馬肥やせ」を実行していたのである。ためにスイスのわかい女性のおおくが刺繍や時計などのブランド物の生産にたずさわりながら、彼女たち自身はブランド物にはほとんど興味をしめさなかった。そんなファッションより、まかされた家の管理のほうがずっと大問題だったからだ。

こうしてスイスでは伝統的に家の中心に女がいた。家という視点からみれば、男はそのうわべをかざる飾り物にすぎなかったといえるかもしれない。

それが、女性参政権が確立した一九七一年いごから変わりだしたのである。

いまは「男女平等」になって大臣も女性のほうがおおいくらいだし、大統領もさきにみたように女性になっている。そしてスイスの女性もこのごろはブランド品を買うようになった。どうじに社会の離婚率もたかくなった。スイスの家もまたゆらいできているようなのだ。

「それがいいかどうか?」わたしのきいたかぎりではスイス人もわからないようである。

スイス人のこれからの問題だろう。

日本は半独立国か?

以上、木戸があこがれ、西郷が交渉をもったスイスをいろいろみてきた。

そこで、そういうスイスから現在の日本をみるとどうなるか？

まず、いまのべたスイスの女性参政権のように「参政権がえられると、兵役またはそれに準じるような義務を果たさなければならない」などということは、現在の日本人はおもってもみないことである。大方の日本人は「なるほどいわれてみたらそうだが、そんなことは考えたこともない」といわれるだろう。

ではわたしたちは参政権をはじめとして、教育をうける権利、勤労する権利、人命財産をまもってもらう権利、国民健康保険に加入する権利など、健康で文化的な最低限度の生活をいとなむおくの権利を国からえているが、では「国にたいしてどういう義務をはたしているのか？」というと、おもいあたるのは税金をはらうぐらいしかない。

ところがスイス人は税金のほかに、民兵や民間防災員になる義務、非常用食料の備蓄義務などがある。

スイスと現在の日本とは、ここが決定的にちがうのだ。

というのは、日本では国防は自衛隊にやってもらって一般国民は税金をはらうだけである。災害がおおい国なのに民間防災員という制度もない。心ある人がボランティアにゆくだけだ。非常用食料の備蓄義務もない。もし食料供給がとまったら、一億国民はパニックになるだけだろう。

では「スイスには戦争の危険があって日本にはないのか？」というと、そんなことがあるはずもない。

さらに大きな問題として「日本の国防のおおくを自衛隊よりアメリカ軍に負っている」ことがある。日本はその駐留費を分担するだけである。ということは、自分の国を自分で守っていないのだ。

これは真剣にかんがえると由々しき問題である。「それで独立国といえるのか？」とおもわれるからだ。

じっさい、もしアメリカ軍が「つごうによりもう日本は防衛できない」といってきたらどうするのか？　また「日本は独立できないからアメリカに編入する」といって駐留軍が「侵略軍」にかわったらどうなるのだろう？

かんがえてみると、アメリカがその気になればそれはいとも簡単なことだ。現実は、首都東京の西方三十五キロメートルのところに在日米軍司令部とアメリカ第五空軍司令部があるからである。横田基地だ。それは、いわば日本の喉元につきつけられた刃といっていいものではないか？というようにみてくると「自分の国を自分で守れないような国は独立国とはいえない」とおもわれる。せいぜい「半独立国」なのである。

独立国と半独立国、そこがスイスと日本の決定的に違うところである。

サムライはどこへいったか？

では「どうしてこんな情けない日本になったのか？　第二次世界大戦で日本がアメリカに負けたからか？」

「そうではない！」とわたしはおもう。それは明治維新いごの日本にサムライがいなくなったからである。

たしかに、軍人はたくさんいた。

だがかれらは「天皇の軍隊」であって「国民の軍隊」ではなかった。

だから天皇の敗戦の詔勅をきいたら、兵隊たちはさっさと軍服をぬいで元の市民にもどってしまった。ドイツに占領されたフランスでは、たくさんの軍人や市民がゲリラになって占領軍に抵抗したが、日本ではそういうことはたえておきなかったのである。「天皇の軍隊」だからだ。

これに反しスイスは「国民の軍隊」である、というか、じっさいには「州あるいは市町村つまりゲマインデの軍隊」である。であるから、かりに外国軍隊が各ゲマインデを侵しても、あるいはスイス全土を占領しても、スイス人は降伏せずに亡命政権をつくって戦いを続行することがもとめられている。スイスは、ゲマインデが集合し連帯する国だから、ゲマインデとその連帯のスイスが侵されればスイス人は最後の一兵になるまで戦う、というのだ。

このように「じぶんの故郷はじぶんで守る」それがサムライというものだろう。とすると明治維新いごの日本には、故郷鹿児島で私学校という独自の軍隊をつくった西郷のようなサムライはもういなくなってしまった。

わたしはさきにのべたように一昨年、二度スイスにいった。一度は単身で、二度目はわたしが主宰する西郷義塾の諸君と一緒に、である。

そうしてわたしはスイスでいろいろのことをまなんだが、その最大のものは、このように「スイス人はサムライである」ということだった。かれらはいまもその基本は、それぞれのゲマインデつまり故郷をまもるサムライなのだ。

では「日本のサムライはどうなったのか？」というと、さきにのべたように十六、七世紀ごろ、その大方は信長・秀吉・家康三代かけての「農村退去・城下集住」政策によって農村から引きはがされてしまった。もっとも一部は郷士などとして居住地にのこったが、それも明治期には大久保・伊藤ラインによってほぼ解体されてしまった。

ともあれ、こうして農村から引きはがされた大量のサムライたちは、城下において藩士という名の「根無し草的武士」つまり江戸武士になったのだが、明治になってかれら江戸武士は、さきにのべた明治官僚である文官と武官に変身した。江戸武士が「ペンをもつ文官」と「銃をもつ武官」になったのである。しかし、役人という体質は基本的に変わっていない。

しかもそういう文官と武官は、さきにのべたようにその仕えるべき主人が藩主から天皇にかわった。つまり「天皇の官僚」になったのだが、しかし、あいかわらず国民の官僚ではなかった。そういう天皇官僚が日本を「洋才国家」に仕立てあげた。さらにプロイセンをまねて「富国強兵国家」をつくりあげたのであった。

しかし、そのプロイセンの延長である「ドイツ帝国」は、さきにのべたように一度目の世界大戦では「武力」ではなく「情報」で負けたにもかかわらず、日本の文官・武官たちはその意味を理解できず、二度目の世界大戦にはそのドイツ帝国の延長ともいうべき「ナチスドイツ」と枢軸をくんで日本を破滅させてしまったのである。

にもかかわらず戦後生きのびた天皇官僚たちは、つぎに「洋ペン」ならぬ「アメペン」をもって高度経済成長国家を演出してみせた。そのとどのつまりが「原発国家」である。そして今回の「原発汚染事故」の発生だ。

ここではっきりしてきたことは、戦前の文官・武官の政策と、戦後の国家公務員の政策とが非常によく似ていることである。それは戦前は「富国強兵国家」を目ざし、戦後は「パイ拡大国家」を志向したものであるが、ともに「GDPすなわち国内総生産の拡大」をめざした点で共通しているのである。

しかし、これからもそういう経済成長至上主義をつづけてゆくかぎり、だれがみてもこのさきの日本に未来はないだろう。

では、どうしたらいいのか？

わたしは冒頭の「まえがき」にのべたように「日本人はもういちど日本の国の原点に立ちかえるべきだ」とおもう。

いまの話の続きでいえば「日本のサムライ」という原点に、である。

ただしその日本のサムライは、なんどものべるように江戸の武士ではない。

江戸の武士は再三のべてきたようにいろいろ問題がある。「士農工商」の最上位にたち、人民をして「由らしむべし、知らしむべからず」としてきたその「官主民従」の姿勢だ。明治維新でさえ、それをやったのは大方その「主権をもった士」であった。

では、そのリーダーの西郷に問題があったのか？

そうではない。西郷はことの本質を見ぬいていた。ただその問題を解決できないうちにいろいろの事件がおきてしまったのである。

では西郷は「どういうふうにことの本質を見ぬいていた」というのか？

西郷はサムライを愛した。それはよくいわれることである。西郷の「征韓論」も、士族救済のためなどといわれる。

しかしそれは西郷の一面であって、それだけではじつは正確ではない。なんどものべるように西郷はほんとうは百姓を愛していたのだ。西郷はサムライの原点に百姓をみていたのである。そのことが一般にあまり知られていない。

西郷は十八歳のとき郡役所の吏員ともいうべき薩摩藩の郡方書役助《かきやくたすけ》になった。おもな仕事は郡内百姓からの年貢の取立てだった。

とくにひどい不作の秋、西郷はたえかねて上役に年貢の減納をねがいでた。すると上役の迫田《さこた》利済《としなり》は西郷の減納の要請を却下したうえで、奉行所の壁に「虫よ虫よ、五つ節草の根を断つな、断たばおのれも共に枯れなん」という歌を書きのこして役人を辞めてしまった。「五つ節草」というのはイネのことである。イネも竹とどうよう節があるからだが「そのイネをムシが食べたらムシも死ぬ」という。同根だからだ。ムシももとはイネだった。

そこで、イネつまり百姓をこれ以上痛めつけることにたえられなかったムシつまりサムライの西郷は、つづいて辞めようとしたが「お前はまだわかい。未来を変えよ」と諭されておもいとどまった。

そういうことがあったため、新しく藩主になった島津斉彬《なりあきら》が家臣たちに政治の建白書をもとめたとき、西郷は「藩の農政をどのようにご変更なされもすとも、それにしたがう武士がいまのままでは百姓はただ困窮するだけでごわす。百姓も武士も元は一緒でございもした」と書いて斉彬をいたく感動させた。

それが、西郷が斉彬に取りたてられるきっかけであった。

そういう西郷であったから、明治になって東京での「陰謀事件」のあと鹿児島にかえると、さきにのべたようにさっそく百姓になった。鹿児島郊外の百姓家に住み、鋤をふるい、肥料をいれ、種をうえ、水をまき、そうしてとれた作物を町へ売りにいったのである。さらに薩摩の若者たちにも百姓をやらせた。西郷のえがいた日本は、そういう百姓のうえにあった、とおもわれる。

西郷はいっている。

　租税を薄くして民を裕《ゆた》かにするは、すなわち国力を養成するなり。ゆえに国家多端にして財用の足らざるを苦しむとも、租税の定制を確守し、上を損じて下を虐げぬものなり。

ここで租税とは年貢のことである。そのころ租税といえば年貢しかなかった。つまり西郷は薩摩藩の郡方書役助のときとおなじように「百姓の年貢を安くし、民を豊かにしもっそ」といっているのだ。

そのうえで西郷はいいきっている。

　政《まつりごと》の大体は、文をおこし、武をふるい、農をはげますの三つにあり。

すなわち政治の根幹は「文と武と農にある」というのだ。

それは、さきにのべたスイスという国とまったくおなじではないか？

というのは、スイスはさきの一八四八年の近代国家誕生いらい「地域自治」を鉄則としてきた。

さきにのべたように二十六の州は独自の憲法、法律、議会、裁判所をもち、三千の市町村は税の徴収にはじまり、福祉、教育、環境保全、治安維持などおおくの仕事をおこなっている。スイスはいわば「三千の都市国家」といってもいいものなのだ。

にもかかわらずスイス連邦政府は、文化、国防、農業だけは国の仕事としている。なぜなら、さきにのべたようにそれがなければスイス人は生きていけないからだ。それはまさに西郷のいう「文・武・農」ではないか？

そういう政治の基本は、また個人のありようの基本でもある。

かつて日本の武士は「文武両道」といったが、西郷はいまのべたように「サムライは文武農の三道であるべき」とした。西郷がただの「士族の親分」ではない証拠である。西郷は「土地に定着したサムライ」つまり百姓を志向したのであった。

とすると、そういうサムライの姿は、江戸武士つまり江戸時代に城下にすむ藩士より、農村にすむ在地領主や郷士ではなかったか？　在地領主や郷士は武士であるとどうじに百姓でもあったからだ。

じっさい江戸時代の地域自治は二百六十の藩でおこなわれた、と一般におもわれているが、じつは政治的には藩に属していても、その掣肘をうけない独立の在地領主なるものが数千もあった、といわれる。さきのドイツの「領邦国家」である。そのほかに多数の郷士たちもいた。そういうかれらは「武」のほかに「農」さらには「文」にもつうじていた。文につうじていなければ領地や郷にあって人々のリーダーにはなりえない。江戸時代の学問は、ほとんどかれら在地領主や素封家たちによってささえられていた。すると、江戸時代は通常「幕藩体制」とかんがえられているが、実体はそれプラス領邦国家群だったのだ。そういうことを今日の近世史学者もほとんどかんがえていない。

そのような平安時代いらいの在地領主や郷士の体制を解体していったのは、さきにのべた信長・秀吉・家康の三代の政治家である。かれらは「商人抱きこみ・兵農分離・士農工商」などの日本歴史上「最大の暴政」によって地方に割拠するサムライたちを抑圧し、集権制国家への地ならしをおこなったのである。

そのけっか、江戸時代にかれらの望みどおりの「郷士のサラリーマン化」が成立した。旗本や藩士たちだ。そうして日本社会から在地領主や郷士は大幅にへってしまった。それでも、なお多くの領邦国家群があったのだ。

かれら郷士たちは明治維新のときにも活躍した。薩摩では西郷とならぶ勤王のリーダーの有馬新七や、西郷の側近の桐野利秋らである。長州藩には郷士制度がなかったが、土佐では土佐勤王党のリーダーの武市半平太、その子分の坂本竜馬、中岡慎太郎らがそうだった。しかしかれらは維新の過程でみな殺された。

ともあれかれらサムライたちは、西郷がいうように「元はみな百姓」だった。そういう日本の百姓はスイスの山岳農民と同じものであり、ともに「自由農民」といっていいものなのである。しかし再三のべるように、スイスではそういう自由農民つまりサムライが今日も健在なのに、日本のサムライはなくなってしまったのである。

百姓は殺された!

そもそも、日本の百姓はむかしから平地のほとんどないこの列島の僻地に割拠して生きていかなければならなかった。それは弥生時代にさかのぼるだろう。かれらは農耕を始めるために、小河川の流域ごとに「村国《むらぐに》」をつくったのだ。

そういう百姓とはたんなる農民ではない。農をはじめとする「百業に従事する者たち」である。じっさい「農は百業の礎」といわれるように、農業のほかに狩猟、漁労、採集、さらには山林業、運送業、鉱山業、土木業、建築業、製造業、金融業、商業などかれらはなんでもやった。まさに「百業」であった。

そのうえで百業である百姓は、みずからの国や郷をも連帯して防衛した。武士の出自も、さきにのべたようにこの自立・連帯の百姓にもとめられる。

そういう百姓には、郷のような小さな社会にあってもそれを運営していく教養が必要であった。

百姓は順番に年寄になって、郷内でおきるさまざまな事件を処理した。それは奉仕活動であった。そういうことをしなければ人々はついてこないのだ。

つまり日本の百姓は西郷のいう「文武農」の三道につうじる者だったのである。今日風にいえば、農は「自立」であり、武は「連帯」であり、文は「奉仕」である。つまり百姓は「自立・連帯・奉仕の人間」である。それがのちのサムライなのだ。

すると百姓はなんどもいうように、イギリスの独立自営農民のヨーマン、オランダの干拓農民、スイスの山岳農民につうじる日本の「自由農民」といっていいのだ。

その百姓は明治維新に遭遇し、はじめその変革をよろこんだ。じっさい、日本各地に鉄道を敷き、銀行をおこし、工場をつくり、小学校を整備したのも、みな地域の豪農たちだった。二百六十藩の藩士と上級藩士たちはみな東京に去ってしまったからだ。しかし明治政府の中央集権政治の方向があきらかになってくると、かれらはこれに反発し、抵抗した。明治初期には各種自由民権運動に参画したが、明治十七年にいたって、とうとう秩父で一万人をこす農民の武装蜂起をおこしたが弾圧され、この秩父事件をさいごに、いご百姓の大規模な抵抗はなくなってしまう。

そのあたりのことは、島崎藤村の『夜明け前』にくわしくえがかれている。

さらに明治政府は、百姓を武力で押さえつけただけでなく、百姓をその根底から抹殺した。というのは、百姓がやっていた仕事の監督権限を政府の各省・各局に分掌化したからである。

たとえば明治十年の政府の体制をみると、百姓のやっていた仕事を監督するのは、農業、山林業、土木業、商業は内務省の勧農局と地理局（のち山林局）と土木局と勧商局が、鉱山業、工業は工部省の鉱山局と工作局とがおこなった。一時、山林業のそれを民部省の山林局が、商業のそれを大蔵省の勧商局があつかったこともある。

また明治十九年には水産業を新たにうまれた農商務省の水産局が、大正十四年には畜産業のそれを新設された農林省の畜産局が、昭和二年には蚕糸業をやはり同省の蚕糸局がそれぞれやるようになった。それ以降も、各省庁・各部局による「百姓監督権限の分捕り合戦」はめまぐるしいものがあった。

といったように明治維新いごにおいて、百姓がやっている仕事の監督権限を、おおくの省庁・部局の役人が分け取りしたのであった。

これでは百姓はたまらないではないか？　あちこちの役人のところに出むいてその命にしたがわなくてはならないからだ。

そうして「百姓では埒があかない」となると、役人たちは新たな職種の人間たちにそれらの仕事をやらせるようになった。土木は建設業者に、工業は工場労働者に、といったぐあいにである。

そのけっか、いままでの百姓の仕事は百姓からどんどんなくなっていった。のこされたものはほとんど農業だけになってしまったのである。

ために天候異変がおきると、おおくの百姓たちは飢え死にした。ほかに転作も転職もきかないからだ。つまり何百年も、あるいは何千年ものあいだこの国の大地に根をはってきた日本の百姓たちは、ただの浮草のような「農民」になってしまったのである。

そういう農民の不満が爆発して、明治の二十三年と三十年には米騒動がおこり天下の耳目を震撼させた。大正七年に富山からおこった米騒動は、労働者をもまきこんで全国にひろがった。

それらが鎮圧されたあとの昭和九年に、東北地方に大飢饉がおそって、おおくの農民たちが飢え死にした。

その多数の農民の餓死や、多数の農村少女たちの花柳界への身売り事件が日本社会に衝撃をあたえた。それが、昭和十一年におきた「二・二六事件」という陸軍将兵による政府転覆クーデターの引き金になったといわれる。将兵たちのおおくが東北の若者たちだったからだ。

そして第二次世界大戦ごには、もっと徹底した「脱百姓路線」がすすめられた。

農地解放である。

おかげでおおくの農地が小作人たちに分けあたえられたのはいいが、土地に愛着をもたない「にわか農民たち」は農地をどんどん手放して向都離村し「にわか成金」になっていった。つまり農民だけでなく、農地もなくなってしまったのだ。

おかげで都市にはスプロールといわれる市街地の異常膨張がおこり、人々は土地の争い買いに狂奔した。空前の土地ブームがおこり、土地成金が生まれ、バブル経済が発生し、そして破裂した。

そういうなかにあって従来のように農業をつづけた人たちもいた。だが農業だけでは食べられず、しかたなしに郵便局長や役場の職員、学校の先生などになって飢えをしのいだ。しかし農林省の役人が憎々しげにかれらにあたえた名称は「兼業農家」だった。「農民をアメリカの大農場主なみの専業農家にしたい」とかんがえる日本の農林省の役人たちのあいもかわらぬ「洋風願望」というほかない。

それも「日本の農家の歴史はすべて百姓つまり兼業農家の歴史だった」という事実を知らない大学の「洋風農学者」と、そういう御用学者に教育された学生しか採用してこなかったこの国の政府の責任といっていい。

こうして弥生時代いらい三千年の歴史をもつ日本の百姓は、今日ほぼ完全に抹殺された。そういう過酷な現実から、今日わたしたちは出発しなければならない。

そしてそこから脱却するためには、何度もいうように、いまいちど「この国の原点に立ちかえるしかない」とわたしはかんがえるのである。

4　日本の国の原点

——一万年の縄文社会にあり——

「日本は森の国」

日本にきた外国人がときどき、日本についてびっくりするようなことをいう。たとえば「飛行機からみた日本の第一印象は森だった」。

たしかに、いわれてみるとわたしたちが飛行機にのって大空に舞いあがったとき、真下にみえる日本列島は森ばかりだ。つまり山ばっかりだが、日本の山はぜんぶ山林だからだ。日本の国土の七割は山だが、それらはみな森なのである。

とすると、日本は「森の国」なのだ。

それをわたしたちはあまり不思議におもわないが、外国人にはときに強烈な印象をあたえるらしい。

かんがえてみると、ヨーロッパで国土の七割が森という国はフィンランドの七四パーセントをのぞいてほかにない。アウトバーンをどれだけはしっても森のつきない「森の国」ドイツも、森林面積は一千百万ヘクタールで、国土面積の三二パーセントほどでしかない。

とすると、森林が二万五千ヘクタールもあって国土面積の六八パーセントをしめる日本はたしかに森の国である。

こういう「森の国」日本は、じつは縄文時代からはじまった。

いまから一万五千年以上まえの氷河時代に、ヨーロッパやアメリカもそうだが日本にも森はなかった。しょぼしょぼとした針葉樹林が多少あったぐらいだろう。森は、氷河時代がおわってから生まれたのである。じっさい日本列島がブナやナラの大森林でおおわれたのは、地層のなかの化石化した花粉分析などから一万四、五千年まえということがわかっている（安田喜憲『森の日本文化』）。

いっぽう縄文時代の開始は、土器に付着した微量の煤の放射性炭素年代測定法によって最古の縄文土器の年代が一万三千年まえとも一万六千年まえともいわれてまだ確定していないが、いずれにせよ一万三千〜六千年まえだとすると、森林の発生と縄文時代の開始とはほぼ重なるではないか。

とすると「縄文人は森の民だ」といえるのである。

それも、たまたま森が生まれたからそこに人間がはいりこんで縄文人になった、というのではなさそうだ。森と縄文人がほぼどうじに発生しているからである。つまり森も縄文人も、日本列島にどうじにあらわれたものだろう。そういう意味で森と縄文人とは切っても切れない関係にある、といえる。

その森はいまも日本列島にある。

ということは縄文人が生活した舞台がいまものこされている、ということである。

さらにそれだけではない。「いまなお森がある」ということは、ひょっとしたら「縄文人」もまたこの日本列島のどこかに生きているかもしれないのである。

そんなワクワクするような期待をもってつぎにすすもう。

縄文社会がなぜ一万年もつづいたか？

さて「縄文時代」ということばをきいてわたしたちはなにをおもうだろうか？

――古い時代？

――土器や土偶？

――日本人の祖先？

などといろいろあるだろうが、わたしがいちばん驚くのは、人口七、八万人ぐらいの、多くてもせいぜい三十万人ぐらいの小さな縄文社会が、一万年ないし一万三千年もつづいた、ということである。かりに一万年としても、それはなんと長い年月であることか！

日本の国の歴史は千三百年か千四百年である。シナの歴史は四千年である。エジプトのそれは五千年である。メソポタミアは七、八千年ぐらいか？

ところが極小人口の縄文社会はそのどれよりも長く「一万年もつづいた」という。

もちろん、そこに国家はなかった。

しかし人々は定住生活をおこない、木の実や貝などの食糧、弓矢や銛《もり》・網などの狩猟・漁労具、縄や漆などの生活具、土器や石皿などの日用品、土偶や石棒などの呪術具、耳飾りや櫛などの装飾品、アンギンのような織物や衣服、竪穴住居や環状列石などの家屋や集会所などをもった。それらの大方は、一万年の歴史の最初から最後までわずかずつではあるが進歩しつづけてきた。

すると一つの物質文化が一貫してあり、かつ、それらがすこしずつ進歩してきたのなら、そこに「一つの持続的社会があった」とみていいのではないか?

とすると、縄文時代の日本列島にはたとえすくない人口であっても、また国家がなくても、まぎれもなく一つのりっぱな社会はあったのである。

縄文時代は考古学的には新石器時代の範疇にいれられ、金属器、農耕、家畜飼育、文字などをもたない歴史時代以前の原始社会のようにおもわれているが、いまのべたような品々をもち、さらにのちにのべるような歌や口承伝承などももっていたとすると、文明時代に一歩、足をふみいれた時代のようにおもわれる。さきにのべた文化人類学者のL・H・モーガンがしらべたアメリカ・インディアンのイロクォイ族などとどうように、原始時代のつぎの未開時代の初期といっていいのかもしれない。

しかし、このように小人口の人間たちが一つのかぼそい文化を維持しながら、どうして綿々と一万年もつづいたのだろうか? 途中で消滅することがなかったのだろう。不思議である。

変化・安定・持続の動的平衡社会

というような問いかけをすると「日本列島はまわりを海に閉ざされていて外国からの侵略がなかったから、平和に一万年もやっていけたのだろう」といわれるかもしれない。

だがその一万年のあいだに大陸の北からあるいは南から、つぎつぎに日本列島に新たな種族がやってきたことは十分想像できる。じじつ、そういう傍証もたくさんある。第一、日本人の顔の多様さがそれをしめしている。そんなに平和な時代ばかりつづいたのでもなさそうなのだ（図3）。にもかかわらず縄文時代の一万年は、細々とではあるが文化の一貫性がたもたれてきた、つまり一定の生活様式がつづいてきたのはなぜか？

かんがえられるのは、新たな種族が新たな文化をもって日本列島にやってきたとしても、一たびこの地に上陸すると、土地と資源と情報の少ない、しかも自然災害の多いこの列島の風土においてはそれまでこの風土でつちかわれてきた「生存のシステム」にしたがわないと生きていけなかったからではないか？ということである。だから同一の「生存様式」を基礎とする文化と社会の一貫性がたもちつづけられてきたのだ。

では、それはどういう生存様式か？

唐突なようだが、わたしはそれを「動的平衡社会」とみる。「そうであったからこそ縄文時代

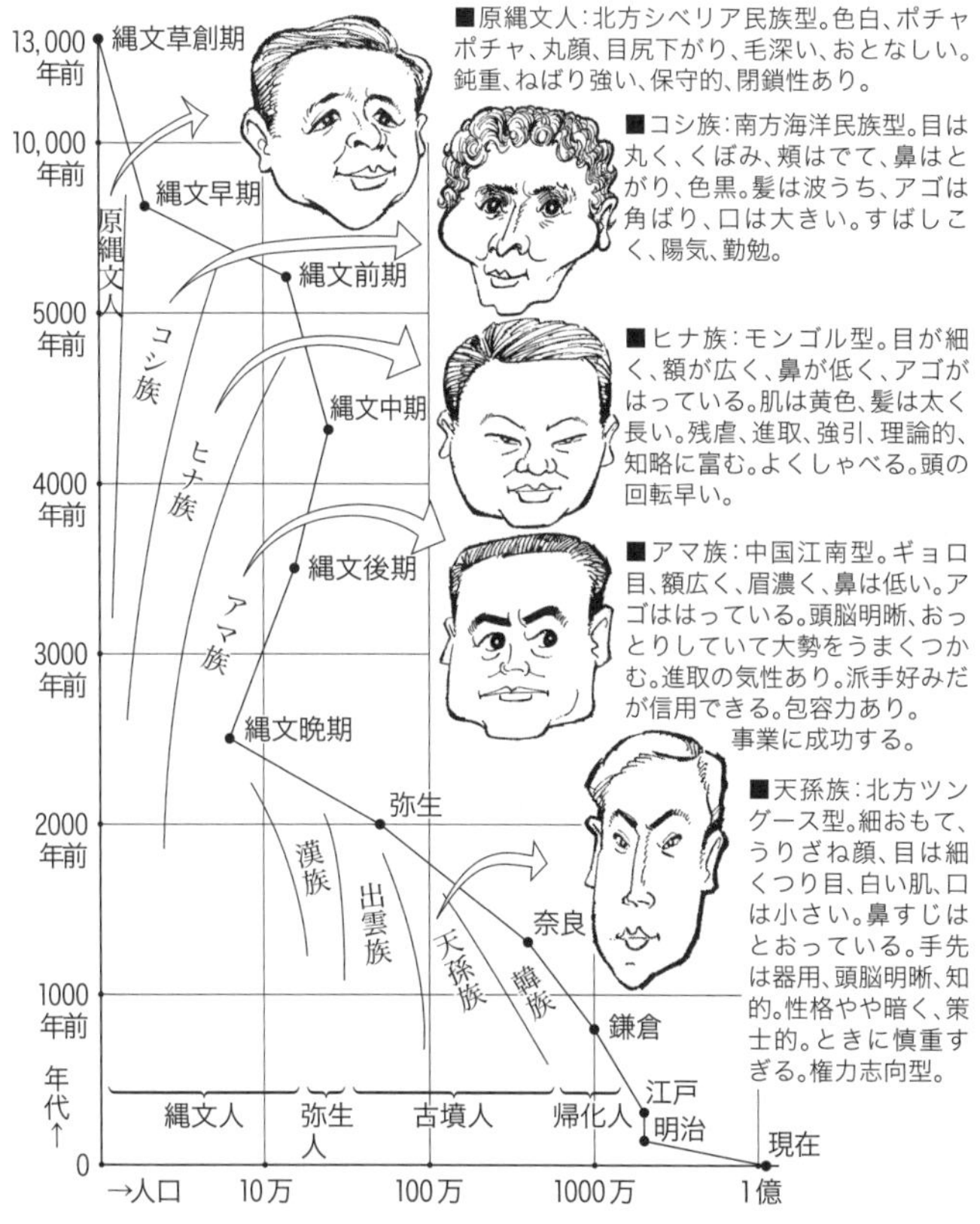
■原縄文人：北方シベリア民族型。色白、ポチャポチャ、丸顔、目尻下がり、毛深い、おとなしい。鈍重、ねばり強い、保守的、閉鎖性あり。
■コシ族：南方海洋民族型。目は丸く、くぼみ、頬はでて、鼻はとがり、色黒。髪は波うち、アゴは角ばり、口は大きい。すばしこく、陽気、勤勉。
■ヒナ族：モンゴル型。目が細く、額が広く、鼻が低く、アゴがはっている。肌は黄色、髪は太く長い。残虐、進取、強引、理論的、知略に富む。よくしゃべる。頭の回転早い。
■アマ族：中国江南型。ギョロ目、額広く、眉濃く、鼻は低い。アゴははっている。頭脳明晰、おっとりしていて大勢をうまくつかむ。進取の気性あり。派手好みだが信用できる。包容力あり。事業に成功する。
■天孫族：北方ツングース型。細おもて、うりざね顔、目は細くつり目、白い肌、口は小さい。鼻すじはとおっている。手先は器用、頭脳明晰、知的。性格やや暗く、策士的。ときに慎重すぎる。権力志向型。
13,000年前
10,000年前
5000年前
4000年前
3000年前
2000年前
1000年前
年代↑
0
縄文草創期
縄文早期
縄文前期
縄文中期
縄文後期
縄文晩期
弥生
奈良
鎌倉
江戸
明治
現在
原縄文人
コシ族
ヒナ族
アマ族
漢族
出雲族
天孫族
韓族
縄文人
弥生人
古墳人
帰化人
→人口
10万
100万
1000万
1億

図3　1万3000年の日本人口と日本人の顔、ルーツなど　坂元宇一郎『顔相と日本人』（サイマル出版会）を元に筆者作成

は一万年もつづいたのだ」と。

動的平衡社会とは、ききなれないことばである。

「動的平衡」(dynamic equilibrium)というのは、今日、分子生物学でつかわれることばで、一九四〇年ごろ、アメリカの生物学者のルドルフ・シェーンハイマー(一八九八〜一九四一)によって提唱された。かれのおこなった実験によって、生物とは一つの「物体」というより「物体を通過する流れのようなもの」とされたのである(福岡伸一『動的平衡』木楽舎、二〇〇九年)。

たとえばわたしたちの身体は六十兆個の細胞からなっているそうだが、そのまた各細胞を構成する八十億個のタンパク質は百個から五百個ほどのアミノ酸という分子が紐のようにつながった高分子化合物である。そして体内にとりいれられた食物中のタンパク質のなかのアミノ酸が消化壁を通過し、血液によって身体各部の細胞にはこばれ、そこで新たなタンパク質をつくりだす。そのとき古いタンパク質は分解され、ふたたび血液にのって廃棄される、という新陳代謝がくりかえされている、という(永田和宏『タンパク質の一生』岩波新書、二〇〇八年)。

そうして二、三カ月もたつと、身体中のタンパク質がすっかりいれかわってしまうのだそうだ。そのけっか、シェーンハイマーは「生物体は、それを構成する中身がいれかわって、つまり変化がくりかえされることによって持続性がたもたれる」という結論に到達したのである。

それは自転車をゆっくりすすめる人が、身体を小刻みにうごかして自転車の進路を変化させつつ安定させているのに似ている。自転車の進路をたえず変化させるからこそ安定性、さらには持続性がえられるのである。自転車を小刻みに変化させなかったら、つまり自転車を静止させたら、即転倒である。

このシェーンハイマーの理論を社会にあてはめてみることができないか？　つまり変化させながら安定させ、安定させながら持続させる、という社会がありうるかどうか、ということである。もしあったとしたら、それが「動的平衡社会」という一つの生存様式だったろう、とおもわれるのである。

食べること――自立

縄文社会は、わたしにはそういう「動的平衡社会」にみえる。そういう生存様式をもった社会とおもわれるのである。なぜなら、縄文社会はたえず変化し、変化しながら安定し、安定しながら持続したきたからだ。

では、まずどういう「変化」があったのか？

さきほど「氷河時代がおわったら森林ができた」といった。

すると「なぜ森林ができたのか？　氷河時代といったって年間の平均気温がいまより七、八度ほど低いぐらいではないか？　いまでも北海道や東北と関東以西とではそれぐらい、あるいはそれ以上の温度差があるのに両者ともに森林があるではないか?」といわれるかもしれない。

そのとおりである。

だが問題はたんに気温ではないのだ。問題は、そのような低気温が氷河時代の地球上にあまり雨をふらせなかった、ということである。

というのも、氷河時代は海水面がいまより百四十メートルぐらい低かったといわれるが、それは世界中の海水のかなりの量が氷河になるほど海水温度が下がったことを意味する。とすると海水からの水分蒸発もへり、空中の雲や霧も少なくなる道理である。つまり氷河時代は気温が低いだけでなく、いっぱんに空気が乾燥していたのだ。だから雨がふらなかったのである。

しかし氷河時代がおわると海水温度が上昇し、海水面からの蒸発がふえ、雨がふりだした。その雨のおかげで世界各地に森林が生まれた。

日本列島もその例外ではない。

それはいいとして、じつは日本列島にふりだした雨は森林をつくっただけではなかった。この国土をすっかりつくりかえてしまったのである。

そのことが大問題なのだ。

まず日本列島はアジア大陸と太平洋のあいだにかかる島々であるために、雨はしばしば台風や集中豪雨となって列島をおそう。しかもこの列島は一見、高い山々がつらなるが、その内実は「砂山列島」といわれるほどに基盤岩がもろい（藤田省三『日本列島砂山論』小学館）。ためにふった豪雨は列島の斜面をかけおりるとき、つぎつぎ山崩れや土砂崩れなどをひきおこし、谷あいでは土石流や泥流などをうみだしたと想像される。

今日みるような砂防設備や堤防などの防災施設がなかったとうじ、さらに森林のすくなかった時代にあっては国土はこのような災害のなすにまかせられ、毎年自然は、それこそ阿鼻叫喚するように荒れ狂ったことだろう。

おかげでこの一万年のあいだに、日本列島の山相はすっかり変わってしまった。おおくの土石がけずりとられて山容はますます険しくなり、谷や湖沼地帯には土砂が何十メートルも堆積して沖積平野になったのである。

そのような事実は、日本列島各地に数多くのこっている「大太法師《だいだらぼっち》伝説」によってつたえられる。巨人のダイダラボッチが山をつくったり、はこんだりした、という伝説だ。その巨人が腰かけたところが窪地になり、歩いた足跡が沼地になった、などという。『常陸国風土記』や『播磨国風土記』などにもしるされている。

しかしそういう「天変地異」のおかげで、かつては国土の三割ほどもあったとみられる日本列島の湖沼や湿地帯などの水面がなくなり、かわりに現在の国土の三割の平地になった、ということも理解できる。そういう国土の大変動の結果として、今日わたしたちがみる日本列島の姿となったのである（拙共著『蹴裂伝説と国づくり』鹿島出版会、二〇一一年）。

縄文人は、そういう自然の大変化のなかを生きぬいてきたのだった。

であるから、そのような縄文人の意識をうけついだとみられる日本神道では、神さまには和御《にぎみ》霊《たま》と荒御霊があるとする。「自然を神さま」とみるだけでなく、その神さまには平和な神さまと荒れ狂う神さまがある、というのだ。

かんがえてみると縄文人以前の旧石器人は、日本列島の大陸棚が大草原だったころに大陸から大動物を追ってやってきたとみられるが、その生活はきわめて単純だったろう。大集団の人間がただひたすら大動物をおって遊弋《ゆうよく》し、マンモスやオオツノジカなどを狩っていればそれでよかったからだ。勇壮ではあるがシンプルな行動だったにちがいない。

そして大動物がいなくなれば、そこでかれらの運命も終わる。

ところが新石器人である縄文人はおなじように大陸から日本列島にわたってきたものの、すでに海面の上昇により大陸棚は海中にしずんでいた。しかしかれらは故郷シベリアの森林での経験によって少人数にわかれて山間部の各地にへばりつき、四季の変化を耐えしのびつつ、また荒れくるう天変地異を避けながら、山で木の実をあつめ、渓流で魚をとり、野で罠をしかけ、海で貝をひろうなど創意工夫をこらして生きぬいた、とみられる。

そういうかれらの食料獲得は、先輩の旧石器人からみたらしょぼくれたものだったろうが、かれらが捕獲したものは七十種類以上の魚、三百五十種類以上の貝類などといわれるように何でも食糧にしてしまうしぶとさがあったにちがいない。フランス人クロード・レヴィ＝ストロース（一九〇八〜二〇〇九）のいう「ブリコラージュ」つまり「創意工夫の寄せあつめ仕事」でえられたものだろう。現代哲学者が高く評価するものなのだ。

このようにかれらは、この貧しい列島の各地に住みついて「食べること」つまり食料の確保に創意工夫をこらした。いうまでもなく、食料確保は動物にとっての生存の第一鉄則である。そういう鉄則にしたがってかれらはそれぞれ縄張りをつくって自立をはかった。そのなかでかれらの自給自足の精神と生活とが生まれていった、とおもわれるのである。

それが、縄文社会を一万年もつづけさせたかれらの第一の行動だったろう。

食べられないこと――連帯

さて、尾根の先端や洪積台地などの辺鄙なところにつくられたかれらの集落は、いずれも小さく、また集落はたがいにかけはなれていて隣接することもなく、その集落の建物の数も竪穴住居などが三〜十棟ぐらいという小規模なものだった。

従来みなこれをムラとよんできたが、しかしそれは今日のような村ではなかっただろう。社会制度の未発達の時代にあっては、ルイス・モーガンを引きあいにだすまでもなく非血縁・非血族の村というものは成立しがたかったからである。

とするとそれは、モーガンのいう「血縁関係にある数家族が共同の所帯をつくる所帯共同体」か「血族の絆でむすばれ、女系の子孫をつうじる単一の血統をもつクラン（氏族社会）」か、とおもわれる。既婚の子どもと親とが同居する複合家族か、同一系統の複合家族の集団か、である（拙共訳『アメリカ先住民のすまい』）。

たとえば沖縄はその生産様式からみると十三世紀ごろまでは「縄文社会」だったとみられるが、その地のオモロ、ウムイ、クェーナ、オタカベ、ミセセルなどの古歌謡にうたわれるマキとよばれる集落はみな「血族ムラ」だったのである（仲松弥秀『神と村』伝統と現代社）。

したがって縄文集落もまた、血縁・血族関係にある居住集団だったとみられるのであるが、そういう小集団であったからこそ、山や海ばかりの貧しい土地でも人々は団結して生きのびたのであった。

ただそういう集落にあって大きな問題は、男女の性的交流である。その集落内部ではインセスト・タブーがはたらいて互いの伴侶がみつからないからだ。かれらの「自給自足の生活」に唯一欠けていたのはたがいの伴侶だったのだ。

そこでアメリカ・インディアンのイロクォイ族の男たちが他のクランの女たちをしばしば訪問したように、縄文の男たちもかれらの伴侶をもとめて他のムラの女をたずねたことが想像できる。

今日の遺跡の発掘から、縄文時代の集落間の距離がどこでもほぼ若い男の一日の行動圏にあったことをみてもわかる。

とすると、縄文時代に若い男はたえず他の集落の女のもとにかよった。妻も実家をはなれることがなかったから、夫がつねに妻のもとにかよった。ここに若い男女の「妻問い」行動が一般化したことが想像されるのである。

たとえば『古事記』には、出雲のヤチホコノカミが越《こし》のヌナカワヒメをツマドイし、その戸口に立って艶めかしい歌を交換したことがかたられているが、それは縄文人の習俗をつたえるものではなかったか（拙著『一万年の天皇』）。

そうすると、北から南まで三千キロメートルにわたる日本列島に展開された土器、土偶、石棒、耳飾りなどがみな驚くべきほど似かよっているのも、また新潟県姫川流域にしか産出しないヒスイが各地の遺跡で発掘されるのも、さらには北海道から沖縄まで気候風土がいちじるしく異なるにもかかわらず竪穴住居の形がみな一様であることも、このように若い男が女のところに運んだ物資や情報のせいではなかったか？とおもわれるのである。

つまり自給自足の小さなムラムラは緊密につながっていたのだ。それは若い男女のツマドイ行動によってだった。日本列島では愛が人々の社会をつなぐ絆になったのだ。

今日、発掘された縄文集落の存続期間をみると、しばしば五百年、千年、あるいは三千年、五千年、なかには七千年などとおどろくべきほど長いのにおどろかされるが、それらもそれぞれの家の血統が長続きしたのではなく、集落間の交通や情報が発達していたから住む人々がたびたびいれかわったからだろう。たとえば自然災害によって、あるいは大陸から飛んできた渡り鳥の糞にふくまれるインフルエンザ・ウイルスなどによって一つの集落の人々が全滅したとしても、すぐまわりの集落から新たな人々がやってきてそのあとを埋めた、とおもわれる。それは無人になった集落を占拠したのではなく「だれかがそこに居住しないと地域の連帯ネットワークに穴があくから」だろう。だから住む人は変わっても集落はみな長続きしたのだ。

縄文時代は人々が分散割拠する超過疎社会だったが、どうじにこのように相互の交流がものすごく緊密な「連帯社会」でもあった、それによって人々は分散割拠していても安心して生活ができた、縄文社会の安定性が保証された、とおもわれるのである。

それはかれらの社会がたとえ過疎であっても災害や疫病からまもられることであり、それは動物にとっての「食べられない」という生存の第二鉄則に相当するものなのである。

種の保存──奉仕

しかし自立・連帯はいいとして「そういう少人数社会がどうして気の遠くなるほどの長年月、持続したのか?」と問われるかもしれない。

たしかに「縄文人がいかに子どもを大切にしたか！」ということは、今日、ムラの広場や竪穴住居の入口近くにしばしば死んだ子どもがおおく埋葬されている事実をみてもわかる。子どもがいなくなれば氏族は絶滅する。その恐怖に縄文人はたえず苛まれたことだろう。

とどうじに縄文人は、子どもを生む母にたいしてもかぎりない敬愛精神をもったとおもわれる。人間土偶の存在がそれをしめす。縄文時代の古くからつくられた土の像で、すべて女性、しかも子どもを生む母像である（**写真6**）。

それはユング派心理学者エーリッヒ・ノイマン（一九〇五〜六〇）のいう「世界に普遍的に存在する何もかも包みこむグレート・マザー」つまり太母だったろう。またイロクォイ族にみられる「氏族に共通の一人の仮想上の女性の祖先」ではなかったか？　イロクォイ族の各氏族は、その伝承上のグレート・マザーから発したとかんがえられている。

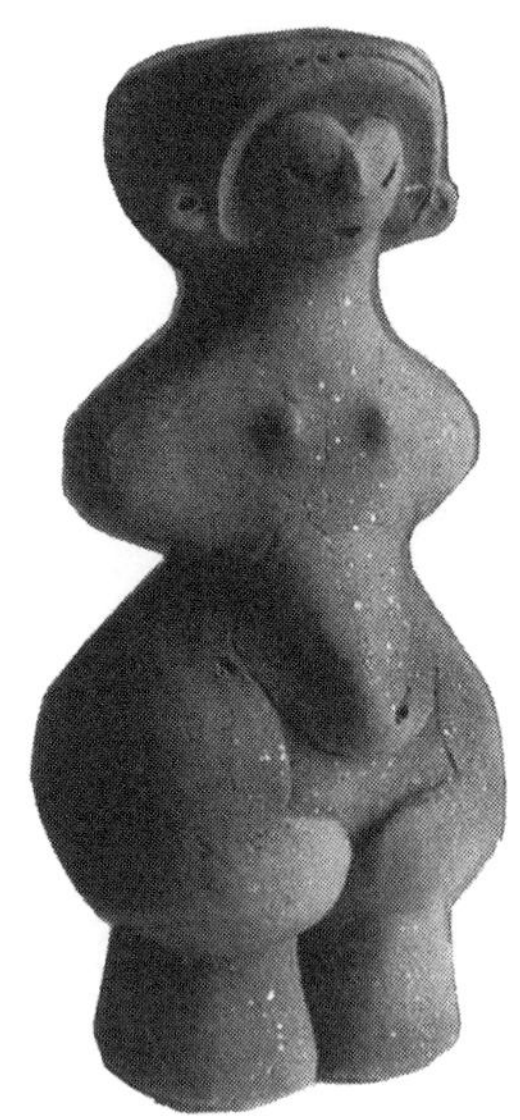

写真6　「縄文のヴィーナス」
何十万点と発掘される土偶の一つ

そのグレート・マザーを日本で直観した人に平塚雷鳥こと明《はる》がいる。明治四十四年（一九一一年）に発表した「元始、女性は太陽であった」（『青鞜』創刊号）だが、彼女がそういう結論にいたったのは、わたしの調べたかぎりではさきのバッハオーフェンの『母権論』を批判したF・W・ニーチェ（一八四四〜一九〇〇）の影響のようだ。というのは、彼女はニーチェを愛読したが、こと「母権」にかんしては男尊女卑のニーチェを批判しバッハオーフェンをとったのであった。

それはともかく、縄文人もまたかれらのグレート・マザーのエネルギーつまりタマを欲して土偶をつくり、子どもの誕生をねがったとおもわれる。

さらにその土偶が今日、壊されて発見されるのは、その集落における氏族の交代を意味するだろう。つまりまえの氏族が災害や伝染病、子孫欠如などで絶えたあと、あとからやってきた氏族がまえの氏族のグレート・マザーを壊して手厚く葬ったあとに、新たに自分たちのグレート・マザーを祭ったこととの繰りかえしである。そういういわば供養は、何百、何千年とつづいた竪穴住居の歴史を物語るものなのだ。

そうして新たなグレート・マザーをいただいて新たな氏族は生きのびた。つまり子育てと太母敬愛という奉仕活動が、少人数集団の縄文社会を何千年も生きつづけさせたのだ。

しかもこの土偶は、今日、何十万点も発見されている。そしてそれら土偶は時代がすすむにしたがって、微弱的ではあるが形やデザインもすこしずつ進歩してきているのである。

また土器は縄文人の生活にとって非常に大事なものである。「土を火で焼く」という土器製作の手法は一万年変わらないが、それは土器のほうが炻器《せっき》や陶器などより縄文人の生活に適していたからだ。実験考古学者の報告によると、土器にはみな何がしかの通気性があって、ために土器のなかに保存したアサリの干物は五年たっても味がおちずに食べられるが、ビニール袋にいれたものは半年もたたないうちに変色してカビがはえるそうである（楠本政助『縄文生活の再現』筑摩書房）。

いっぽう土器の形やデザインは、豆粒文土器、撚糸文土器、蛇体文土器、火焔土器、水煙土器などといったようにすこしずつかわってきている。そういう形やデザインの進歩があったからこそ人々は「新しい土器づくり」にはげんだとおもわれる。

そういうことは、またおおくの日本文化についてもいえる。とりわけ歌である。短歌は須佐之《すさの》男命《をのみこと》の、

　八雲たつ出雲八重垣妻ごみに八重垣つくるその八重垣を

をもって嚆矢とされるが、それを出雲族が活躍した時代とみるなら、短歌は二千年ちかい歴史をもったことになる。ところがその五・七・五・七・七の三十一文字の短歌の音節の構造は二千年来かわらず、今日の日本社会に生きつづいているのだ。

どうして短歌はそんなに長続きするのか？

それは構造はおなじでも中身が変わってきているからではないか？　たとえばおもいつくままに奈良時代と平安時代と今日の代表的歌人の恋歌をあげる。

君待つとわが恋いをればわが宿の簾《すだれ》動かし秋の風吹く　額田王

限りあれば藤の衣は脱ぎ捨てて涙の色を染めてこそ着れ　和泉式部

思いきり愛されたくて駆けていく六月、サンダル、あじさいの花　俵万智

たまたまわたしがえらんだものは、恋人がくるのをいまかいまかと待つ「相聞歌」だったり、わたしをお見限りであれば涙の衣に着がえます、という「失恋歌」だったり、また自由奔放な「恋愛讃歌」だったりと、恋のあり方も内容も変化している。その語り口も文語調、口語調、現代風とさまざまで、喩えも明喩っぽかったり、暗喩であったり、暗喩の連続であったりといろいろである。全体からうける印象も、最初のものは気品のなかに緊張感があり、つぎは悲しみのなかにも才気があふれ、さいごは肉体の喜びがリズミカルにあふれでている。いずれの歌も形式は三十一文字とかわらないが、内容は時代の風潮をうけていろいろに変化している。そういう変化があったからこそ短歌は今日も生きつづけて人々に愛されている、といえる。

すると「そういう歌が縄文時代にあったのか？」といわれるかもしれない。だが、さきのヤチホコノカミとヌナカワヒメのツマドイの歌だけでなく、古代の地理誌である『風土記』に、景色のいいところに若い男女があつまって歌を交換して求愛する歌垣のことがかたられており、それは縄文時代にはじまった可能性がある。というのも縄文時代の環状列石址といわれるところはたいていい眺めのよい場所にあり、しばしばそこに多数の人々が集まったことをしめす土器や石器な

どが発見されるからだ。しかしそこに人がすんだ形跡はない。つまりそこは居住の場所ではなく、歌垣の空間そっくりの行楽の場であった。したがってそこで歌が交わされたことも十分かんがえられるからである。

このように長年月間かけての土偶や土器、短歌などにみられる微弱的発展というものは、いわば螺旋の動きに似ている。円運動をくりかえすが、全体としてすこしずつ変化してゆくものだ。ところが今日、文明といわれるものは「直線的進歩主義」である。それは、突然、飛来してきて人々の耳目をそばだたせる。その進歩は目ざましいが、しかしそれはつねに破局の可能性を秘めている。

いまわたしたちはそういう破局にちかい局面に立たされている。そうであればこそ、この縄文文化にみられるような日本文化の「微弱的・螺旋的進歩主義」ということも、もっとかんがえる必要があるのではないか？

以上みてきたように、この日本列島に住みついた人々は過酷な自然を避けながら分散自立し、ツマドイによってたがいに連帯し、子育てや太母敬愛などの奉仕活動や螺旋的進歩主義の文化活動などをおこないながら、社会を一万年も持続させ、発展させてきたことを見なおすべきではないか？　つまり最初にのべた動的平衡社会ということをもっとかんがえるべきではないか？とおもうのである。

そういう動的平衡の結果だろうか、縄文社会はじつは活気あふれるものだったようだ。『記紀』にも、外国からの進入者である天津神《あまつがみ》（岡正雄『日本民族の起源』）は原住民の国津神の社会を「葦原の中つ国は岩根、木の株《かぶ》、草の葉みな物をいう。夜は火の子のごとく騒がしく、昼は五月蝿《さばえ》のごとく沸きあがる」といっている。『記紀』にそういう観察が繰りかえしでてくるところをみると、海外からやってきたアマツカミたちはこの国の原住民である縄文人たちのアクティビティによほど驚いたのだろう。

もっとも、それは弥生社会のことではないか、といわれるかもしれないが、しかし「葦の原の国」というのであれば縄文時代ないし縄文社会ということもかんがえられるではないか？

いずれにせよのちにまたのべるが大多数の弥生人もまた縄文人が転化したものである（山内清男「日本遠古之文化」）。とすると縄文社会はそうとうヤンチャな人たちがそろっていたのだ。みな「サラリーマン」ではなく「一匹狼」だったからだろう。のちにいう「八百万《やおよろず》の神々」である。

縄文時代は終わったが「縄文DNA」は残った

「森の国」日本に、かってていとなまれた縄文社会というものは、こういう特色をもった社会であった、とかんがえられる。

しかし現在の日本列島にいまなお森はのこっているが、縄文時代はとっくの昔になくなってしまった。縄文社会も縄文人もすっかり姿を消してしまった。ただ縄文人のつかった土器や住居などが遺物や遺跡として発掘され、現代考古学の研究に供されているだけである。

にもかかわらずわたしは、縄文人の感性や技術、風俗や習慣、伝承や神話、呪術や信仰、森のような包括的環境などといった精神的・物質的文化のおおくが、いまなお日本社会にのこされている、とみる。

それらは形がみえないし、またあまりにも形が大きすぎてとらえにくいためになかなか人々に知られないが、しかしよくよくかんがえてみると、現代日本人の意識や行動のなかにはっきりとよみとれる。

それらは縄文文化の遺跡や遺物といったものではなく、しいていうと、縄文文化を伝達する遺伝子つまり「縄文DNA（デオキシリボ核酸）」とでもいうべきものである。

たとえば旬ということがある。

旬とは、季節季節の盛りの食べ物をいい、むかしは「旬のものを食べると長生きする」などといわれた。いまも日本の料理人は旬に命をかけている。

この旬ということも、じつは縄文時代からあった。

縄文人はおおくの貝塚をのこすほどたくさんの貝を食べたが、その貝は一年中海にあるのに、のこされた貝塚の貝をしらべると、貝殻にきざまれた貝の年輪からほぼ四、五月ごろに集中して

図4　縄文カレンダー　小林達雄『縄文人の世界』より転写。縄文人は季節の旬のものを食べていたか？

食べられたことがわかっている。大潮のころだ。貝の一番おいしいときである。今日も潮干狩りはそのころにおこなわれる。

つまり縄文人は貝をいちばんおいしい季節に食べたのだ。そういう縄文人の味覚が、今日、旬という遺伝子になってわたしたちの味覚にのこっているのではないか？（**図4**）

また日本の住居もそうだ。このごろはマンションがふえて日本の家も小さくなり一概にはいえなくなったが、つい先ごろまでの日本の家にはかならず神棚と仏壇があった。

かんがえてみると、神棚や仏壇などというカミサマを家のなかにまつるのは、世界に住まい多しといえどもほとんど日本だけの特色である。というのも教会やモスク、寺院や神殿などといった「聖なる空間」のミニアチュアを「俗なる住宅」のなかにもちこむなどということは、ふつうにはありえないからだ。それは神にたいする冒瀆だからである。

ところが日本ではそういうことがあたりまえになっている。

というのも、日本のすまいは「聖なる空間」だからだ。であるから家のなかではかならず靴をぬぐ。その習慣はいまもおおくの日本人にまもられている（**写真7**）。

そしてこのような日本の住まいを「縄文DNA」とみるのも、縄文時代の竪穴住居がそれとおなじ

写真7　玄関　日本の住まいはすべて玄関で靴を脱ぐ

だからだ。なぜなら、そこにはかならず炉が切られ、土偶や聖なる立石がおかれ、住居全体が「火を祭る空間」とみられるからである（拙著『日本人の心と建築の歴史』）。

イナダマが統一国家をつくった

もうひとつ、縄文時代の代名詞になっている縄文土器の表面装飾もそうだ。

土器の表面には縄目などが刻印されるが、それは壊れやすい土器に、草の繊維をよりあわせてつくった縄の「強靭な魂《たま》」をきざみこんで割れにくくするため、とわたしはみている。一種の呪術的行為であるが、そういう呪術的行為は今日の日本人のものづくり精神にもうけつがれている。「一物入魂」などといわれる思想で、刀鍛冶師などの職人は、いつも神さまを祭ってから仕事にかかる。

そしてそういう強靭なタマのやどる縄は、神社の注連縄《しめなわ》や横綱の綱などとして今日も生きている（拙著『呪術がつくった国日本』／**写真8**）。

もっともそういう「縄信仰」もまんざら呪術的行為といって片づけるわけにはいかない。縄文時代の繊維土器などをみると、じっさいにススキの繊維を土に混ぜて焼いているからである。すると、ススキの繊維のなかのガラス質が溶けだして土器を強靭なものにしている。

このタマというものは、さきの旬よりもっと一般的に存在する。

写真8　注連縄　縄は神社にのこる縄文人の魂(たま)のシンボルである

むかし日本人は肉を食べなかったといわれ、それを仏教のせいにしているが、それはウソである。

というのは、むかしの日本人は鶏は食べなくても鴨は食べた。豚は食べなかったが猪は食べたのである。というのも、鶏や豚はヨタヨタした情けない家畜だが、鴨は何百キロ、何千キロをとぶ飛翔力をもち、イノシシも猪突猛進するバイタリティーをもっているからだ。つまり鴨や猪には「すばらしいタマがある」とされ、人々は「そのタマを身につけたい」とねがったのだ。だから鴨や猪は食べたが、タマのない鶏や豚は食べなかったのである。

そういう遺風はついこのあいだまでのアイヌ人の熊祭にのこっていた。縄文人の末裔であるアイヌ人は強い熊を神さまとし、その神さまを捕えて、祭って、殺して、食べたのである。熊のように強くなりたかったからだ。

こういうことは、じつは日本だけでなく世界中にひろくある。たとえば太平洋のメラネシア人のあいだにあるマナという習俗がそれだ。文化人類学では、それを「転移する超自然力」と定義し、さきにのべたようにイギリスの人類学者ロバート・マレットによってプレ・アニミズムで、かつ、人間の宗教的感情の始原とされている。

であるから、縄文時代には栽培植物はあまり発達しなかったのである。栽培した植物にはタマがあるとはおもわれなかったからだろう。縄文人はもっぱら野生の木の実や山菜や野菜などをたべたのだ。ところが今日、栄養学的にも栽培植物より野生植物のほうが栄養価は高いとされる。縄文人の目はたかかったのだ。

ただし、栽培された植物のなかで稲だけはちがった。水生植物であるイネにはものすごい繁殖力があるからだ。栽培植物であるにもかかわらず縄文人はイネだけはタマがある、と信じたのである。稲魂《いなだま》である。

そのイナダマがとうとう一万年もつづいた縄文時代をおわらせてしまった。いまから二千五百年まえに本格的なイネの栽培がはじまったからである。そうして人々はイネの栽培に熱中した。弥生時代の到来である。

さらに古墳時代になると、稲作をすすめる強力なリーダーがあらわれた。そしてとうとう日本をイナダマのあふれる稲作国家にしてしまった。

またそれから千五百年ほどたったとき、そのリーダーがふたたびあらわれて歴史の大変革をひきおこした。

そのリーダーとは天照大神《あまてらすおおみかみ》であり、その大変革とは明治維新である。

突如、天皇があらわれた

問題は、その明治維新だ。

というのは、明治維新は権力や財力や武力によっておきたのではなく、情報力によっておきたからである。それはたとえば「尊王攘夷」というスローガンをみるとわかる。「天皇を尊び、黒船を追っぱらえ」という情報メッセージだ。

ただしそのごの歴史の推移をみると、問題は「黒船」ではなく「天皇」だけであった。黒船は極端にいえば一過性のトピックにすぎなかったものである。

たしかに武士たちは、一時、黒船に大騒ぎをした。イギリスもフランスもドイツもオランダもスペインも、そしてロシアでさえも、黒船の「洋蕃」たちはアジア各地を植民地にしたからだ。しかも黒船は頻々として日本列島にあらわれ、水や食物を要求した。さらに貿易を強要した。そこで武士たちは「洋蕃がいまにも日本に攻めこんでくる」とおもった。であるからペリーと通商条約をむすんだ徳川幕府はいたって評判がわるかった。しかも徳川御三家の一つである水戸の殿さまの徳川斉昭《なりあき》までが「天皇の勅許がないのに開国をしたのは問題だ」といいだしたからだ。

ここに突如「天皇なるもの」が登場した。

さらに鎖国をはじめたのが天皇でもないのに「天皇の許しなしに開国したのはけしからん」ということになり、薩摩と長州は開国に反対して黒船と一戦をまじえた。しかし戦争に負けると、両藩はさっさと方向転換して「攘夷」の看板をすててしまった。薩摩などはそれいらい「親英藩」になったぐらいだ。

けっきょく「黒船騒動」の置き土産は「天皇」だったのである。

するとこんどはおおくの武士たちが天皇に熱狂した。斉昭の部下の会沢正志斎が書いた『新論』などがそれをおおいにあおった。

ではなぜ「天皇」か？　天皇はそれほどまで武士や民衆に愛されていたのか？

そうではない。そもそも江戸時代の人々は、一部の高級武士をのぞいて「天子さま」なるものを知らなかった。

それは江戸だけではない。天皇がすんでいた京都の町の人々でさえ天子さまを知らなかった。京童《わらべ》は「中京のへんに、なんやらふるーい神主はんが住んでいやはりまっせ」といったぐらいの認識しかなかったといわれる。

もちろん制度的には天皇は将軍の上にいて家康らを「征夷大将軍」に任じてきた。だがそんなことをとうじの一般の人々は知るよしもない。

じっさい天皇の所領も三万石ほどしかなく、日本全体の総石高三千万石のたった千分の一である。徳川一族の総所領約一千万石の〇・三パーセントにすぎない。一般の大名にも遠くおよばない。

そういう微弱な天皇が、幕末になってとつぜん脚光をあびて政治の舞台におどりでてきたのである。

なぜか?

ヤオヨロズの神さまを祭ってきた

それはさきの「条約違勅問題」もあるが、じつは民衆の心のなかにあった「日本の神さま」の信仰に火をつけたことがおおきい。そのうえ、さきの水戸の殿さまが「天子さまは〈日本の神さま〉の総本山である伊勢のアマテラスの御子孫だ」といったからである。

かんがえてみると、ふるくから日本の民衆の生活のなかには日本の神さまが色こくいらっしゃった。

ふだん家のなかにも、神棚のほかに竈《かまど》の神、恵方の歳徳神、恵比寿、大黒などたくさんの神さまがおられるし、また人が生まれて七日目には「お七夜」、二十日目には「初宮参り」さらには「七五三」などといったように神さまといっしょのおおくの通過儀礼があった。ほかに一年三百六十五日の間、村や町にたくさんのお祭りがあった。

そうなると「日本の神さまとはなにか？」ということが問題になってくる。「八百万《やおよろず》の神」ということばがある。日本の神さまは八百万もおられるというのだ。八百万もおられるとなるとこれはもうわけがわからない。

そこで江戸の国学者・本居宣長は、

鳥獣木草のたぐい海水など、其他《そのほか》何にまれ、尋常《よのつね》ならずすぐれた徳ありて何畏《かしこ》き物を迦微《かみ》とは言ふなり。　　　　　　　　　　　　　　　『古事記伝』

といった。この宣長の定義を字句どおりに解釈すれば、日本の神さまは「自然」ということになる。なるほど、それならヤオヨロズということもわかる。見わたせば、日本の山も海もみな自然だからだ。神さまも八百万ぐらいはおられるだろう。

では「具体的にどういう自然か？」というと、それは田や畑、村や町やといった人工的なものではない。ありのままの泉や、木や、石や、岩や、さらには森や、山や、川や、海やといった地形・地物であり、その自然の地形・地物を追っていくと、かぎりなく「ふかい山の森」に近づいていくのだ。

そこで平安時代には、そのヤオヨロズの神さまをもとめて人々がうごきだした。京のちかくの

絵2　お蔭参り　伊勢参宮・宮川の渡し（歌川広重画）

賀茂、日吉、石清水、松尾の森が、また紀伊の熊野の深い森が、さらに鎌倉時代になると三島、富士、白山の遠くの森までが、そしてさいごに伊勢の「聖なる森」が、朝廷や貴族、のちには武士や民衆の熱烈な信仰対象になっていったのである。そして人々は、ようやくヤオヨロズの神さまの原点がアマテラスであることを知ったのであった。

そういうわけで民衆は天皇のことはしらなかったが「伊勢のアマテラス」のことはよく知っていた。とりわけペリーの黒船のくる二十年ほどまえの文政十三年（一八三〇年）の春から夏にかけて、四カ月間に四百五十万人もの人々が伊勢神宮にまいる集団参宮がおきたからなおさらだった。

この「お伊勢参りツアー」に参加した人々は、とうじの日本人口の一五パーセント、武士・僧侶・エタ・非人をのぞく日本中の健康な成年男女の三分の一にもあたる。そういう伊勢への集団参宮がはじまったのは南北朝ごろからだが、江戸時代にはこのような参宮が「お蔭参り」と称されてたびたびおこなわれたのだった（絵2）。

さらに慶応三年（一八六七年）というから明治維新の前年のことである。民衆が東海道筋一帯で「ええじゃないか」とさけんで昼も夜も踊りまくり、大地主の家や大商家に土足ではいりこんで酒肴を強要する騒動が四カ月あまりもつづいた。

これには役人も手のほどこしようがなかった。

それも同年八月におきた「飛騨の空から伊勢神宮のお札がふってきた」という噂にはじまる。江戸時代に、ほぼ六十年周期でおきていた降札《おふだふり》事件だ。

というように伊勢のアマテラスは、とうじ国民的人気があったのである。

天皇はアマテラスの子孫ではなかった

ところが、ここに一つ大きな疑問がある。

というのは、たくさんの庶民がこのように「お伊勢参り」をおこない、またおおくの人々が伊勢のアマテラスのご子孫である天皇を知ったのだが、肝心かなめの天皇家は、伊勢神宮がいまの渡会《わたらい》の地につくられた文武天皇のとき（六九八年）から幕末までの千百七十年間、だれ一人として伊勢神宮にまいっていないのである。

さらによくみると、そもそも文武の祖母の太上天皇である持統は、諸国の豪族にたいして伊勢神宮へ幣帛をさしだすなどの奉祭を禁じたのだ。つまり豪族と伊勢とのつながりを断ったのでであった。

よほどアマテラスが恐かったのだろう。

じっさい天武天皇が死んだ直後に、わが子の草壁皇子より人気のあった大津皇子が身の危険を感じて伊勢へ脱出したとき、持統には戦慄がはしった。であるから持統は、さっそく大津をつかまえて有無をいわさず殺している。「アマテラス恐ろし」というほかない。

さらにこういうこともある。永年、宮中には天皇家の祖先とされる高木神をはじめとする「宮中八神」がまつられてきたが、肝心のアマテラスはついにまつられていないのである。

ほかに、ふるくから天皇の皇女が斎宮として伊勢にゆきアマテラスをまつってきたが、後醍醐天皇はそれを廃絶し、いご復活されなかった。

といったように、アマテラスと天皇家とのあいだにはいろいろの疑問があるのだが、これらのことをいったいどうかんがえたらいいのか？

そうすると、しまいには『古事記』や『日本書紀』に「天皇はアマテラスのご子孫である」と書かれているが「ほんとうにそうなのか？」とおもわれてくる。

もしその疑いが正しいとなると、アマテラスとはいったい何者なのだろう？

アマテラスは縄文人だった！

『記紀』はこの国の支配者となった天皇の祖先の瓊瓊杵尊《ににぎのみこと》をアマテラスの孫としている。「アマテラスの孫」だから、ニニギ以下のアマツカミすなわちこの国を支配した人たちは「天孫族」といわれる。

その天孫族のニニギは『記紀』では、アマテラスの息子の天忍穂耳命《あめのおしほのみみのみこと》と高木神の娘の豊秋津比売《とよあきつひめ》とのあいだに生まれた子とされる。

ところが日本の古代社会では女性史学者の高群逸枝がいうように、また沖縄のふるい歴史もつたえるように、女はつねに家にいて男がときおり女をたずねてきたのだった。ために生れた子どもはみな女がそだてた。すると母は確定できたが父は確定できなかった。つまり母系制が一般的だったのである（『招婿婚の研究』）。

とすると、ニニギの母はアキツヒメだからニニギはアキツヒメの子である。血統としては高木神の系譜につながる。父かどうかわからないオシホミミや、ましてその母のアマテラスの系譜ではない。つまりニニギは高木神の孫であっても、アマテラスの孫ではないのである。『記紀』をよむとそうとしかおもわれないのだ。

それをアマテラスの孫にしてしまったのは『記紀』とりわけ『古事記』の作為である。そういう必要が生じたからだろうが、その理由はあとでのべる。

さて「葦原の中つ国」を稲作の国にかえることを企図したのはアマテラスであった。ために中つ国にむけて出発するアマツカミ族の軍団のリーダーは、最初、アマテラスの子のオシホミミだった。

ところが途中で、いま考察した高木神の孫の赤ん坊のニニギに変えられたのである。

その重大な理由を『記紀』はなにもかたらない。

そこでうがった見方をすると、アマテラス系だったオシホミミは外されてしまったのではないか？　本流ではなかったからだ。その理由もあとでのべる。

これにたいしてニニギは高木神系、つまりシベリア大陸から日本にやってきたであろうアマツカミ系だった。だから赤ん坊でも総大将になれたのだろう。

『古事記』ではニニギが葦原の中つ国にむかって出発するとき「祖母」のアマテラスが勾玉《まがたま》、鏡、剣の「三種の神器」をあたえて、そのうちの鏡を「わたしの魂とおもって祭りなさい」といっている。ところがその三種の神器は、のちの大和朝廷ではあまり大事にされなかった。崇神大王のときアマテラスの御霊とともに宮中から放りだされ、現在、鏡は伊勢神宮に、剣は熱田神宮に、そして勾玉は源平合戦のときにもちだされて壇ノ浦の海底に沈んだままである。つまり宮中には、アマテラスが「わたしとおもって大事にしなさい」といった三種の神器はないのだ。

いっぽう『日本書紀』には、祖父の高木神がニニギをおくりだすとき「真床御衾《まとこおうふすま》」すなわち布団とおむつにくるんで出したと書かれている。そして代々の天皇が即位するときには、かならず一晩、マトコ・オウフスマにくるまって寝ることとされ、そのとおり実行されてきている。

また『日本書紀』では、ニニギの曾孫の神武天皇が大和を制覇したとき大和の鳥見《とみ》山で祖先の祭りをしたが、そのまつった祖先もアマテラスではなく高木神とされている。

とすると、ニニギとその子孫の天皇家はまさしく高木神の系譜であり、ニニギにとって高木神がオジイサンであっても、アマテラスがオバアサンだったとはおもわれないのである。であるから、アマテラスが伊勢に追いやられたのも不思議ではなく、宮中で高木神がまつられ、年二回の天皇親祭の月次祭がおこなわれているのもきわめて自然なことなのだ。

にもかかわらず『記紀』では、ニニギ以下の天皇家を「高木神の子孫」ではなく「アマテラスの子孫」としている。

げんに昭和天皇が第二次大戦ごに「人間宣言」をされたとき、ご自身が「神ではなく人間である」文案は承知されたが「アマテラスの子孫ではない」という文案は拒否された、といわれる。

わかりにくい話である。

「縄文DNA」が明治維新をひきおこした

では、なぜそういうことになったのか？

それには、そもそもの話からはじめなければならない。

大和を支配した天孫族すなわちアマツカミ族は、少数ではあったが軍事に長けていた。軍事に長けていたからこそ大和を、のちには日本を支配することができたのである。だが、そういった「軍事集団」が、たぶんシベリア大陸から日本にやってきたとき、最初のうちはほとんど男ばかりだったとおもわれる。世界の歴史でしばしばおきていることだ。

じっさいこのアマツカミ族もその出自はシベリアの狩猟民のツングース人か、とおもわれるが、いずれにせよ、そういう「軍事種族」にあっては社会の主導権は男がにぎっていた。先頭に立つのはいつも男だった。相続の制度も父系制だった、とおもわれる。

そこで男たちばかりで新しい土地に進攻したかれらは、いつも現地の女とむすばれた。

そういった経緯は『記紀』を精細によむとうかがえる。最初の神々はみな「純男《をとこのかぎり》」とかかれているが、のちの神々は「男女《をとこをみな》を成す」とかかれているからだ。女は、すこしおくれて登場するのである。

もっとも男が最初に遠征して現地で橋頭堡をきずいたあとに故郷から女をよびよせた、ということもかんがえられるが、このばあいそれに類する記述がないところをみると、女はみな「現地の女」だったとおもわれる。

その現地の女すなわち現住民は、六千年ほどまえにシベリアからやってきた狩猟民のヒナ族か、または四千年ほどまえに揚子江の南からやってきた漁労民のアマ族か、とみられる。ともに縄文人である。

ただし日本の考古学者も歴史学者も、縄文以前の古代人をみな「縄文人」として一括して呼んでいるが、図3でみたようにじっさいにはそこにたくさんの種族がいたことは『記紀』にクマソ・ハヤト・クズ・アマ・エミシなどいろいろの種族名が書かれていることをみてもわかる。

さて『記紀』の日本神話によれば、伊邪那岐命《いざなきのみこと》と伊邪那美命《いざなみのみこと》は高天原で国生みと神生みをおこなったが、イザナミは火の神をうんで大火傷をおい、死んで黄泉《よみ》の国に去ってしまう。

このイザナミは、わたしの考察によればエミシすなわちヒナ族である。というのもイザナミをめぐる伝承が加賀の国に集中しているからだ。そしてそこはヒナ族のメッカだった。たとえば石川県に手取川という川があるが、その古称はヒラカ、その元はヒナカであり、それはヒナ族の川である（拙論「越の国になぜ加賀か」）。

まったくの私見だが、タカマガハラも加賀の国から飛騨の国にかけて想定されていたのではないかとおもう。そこらあたりもヒナ族のメッカだったからだ。『記紀』に、イザナミが黄泉の国から逃げかえったとき黄泉比良坂《よもつひらさか》をとおったとされるが、そのヒラ坂はヒラ族つまりヒナ族の坂である。

アマツカミ族も最初はかれらヒナ族と提携したのだろう。日本にやってきた時期がことなるとはいえ、おなじツングース族だったから抵抗はなかったとおもわれる。

しかしイザナキとイザナミの決裂事件がしめすように、両者はおたがいの目的がちがって最後にわかれた。

やむをえずイザナキは「筑紫の日向の小戸《おと》の橘の阿波岐原《あはきはら》」で神生みをつづけて三柱の子をうる。その長女がアマテラスとされる。

とすると、アマテラスはイザナキの子ではあるがイザナミの子でないことははっきりしている。つまりわたしのいうヒナ族の子ではないのだ。そして「ツクシのヒムカのオト」は九州の日向国とはかぎらず「東をむいた港」と解されるが、いずれにせよ港である、というのであれば母はアマ族だったろう。もちろん縄文人である。

問題はその縄文人であるアマ族が、日本列島各地の沿岸で天照神《あまてるかみ》なるものをまつったことである。アマは海《あま》であり、それがテル・照るというのだから、アマテルカミは「海で光る神」である。太陽神だ。

そういう天照神社は、西日本各地に数おおく現存する。

ところが時代は大きく下るが、古代の大争乱である「壬申の乱」のとき、たいへんな事件がおきた。

天智天皇系の近江朝廷にたいして反乱をおこした大海人《おおあまの》皇子が戦争におもむく途中で伊勢のアマテルカミを拝んだら、おおくのアマ族が大海人に味方した、というのである。

のち、柿本人麻呂が壬申の乱で活躍した大海人の長男の高市《たけち》皇子をしのんで、

去《ゆ》く鳥の競《あらそ》ふ間《はし》に、渡会《わたらい》の斎宮《いわいのみや》ゆ、神風に、い吹き惑はし……　万葉集

と歌っているが、それは伊勢のアマ族の渡会氏が「神風」となって大海人側についたことをさしたものだろう。

こうしてオオアマは、アマ族の支持をえて壬申の乱に勝利し天武天皇になった。

そこで天武の命令でつくられた『古事記』の始原の章において、太陽をまつる巫女である日女《ひるめ》が「天照らす日女命《ひるめのみこと》」とよばれていたのにちなんで、大日孁貴《おおひるめのむち》という名のアマテルにアマテラスという名前をあたえ、イザナキの長女に仕立てあげ「アマツカミの巫女」にしてしまったのである。アマ族つまり縄文人を日本来攻者のリーダーである天皇家の祖先にしたのであった。

「アマテラスの誕生」である。

おかげで、いごアマ族あるいは日本の庶民はアマテラスをアマテルと信じ「天皇家の祖先で、かつ、自分たちの祖先でもある」とおもいこんでしまった。

とすると、徳川幕府をたおして明治維新を成功させたのは「討幕派が天皇をとりこんだ」というより、正確には「討幕派がアマテラスという名の〈縄文DNA〉をとりこんだ」からではなかったか？ つまり明治維新を成功させたのは、「アマテラスという名の縄文DNAだった」とおもわれるのである。そうして「アマテラスの子孫」の天皇の株があがったのだ。

天皇家も、そのごいろいろ感じられたのか、いまは宮中の賢所《かしこどころ》にアマテラスもまつられているそうである。

「縄文DNA恐るべし」である。

日本の山は工場である

もうすこしアマテラスの話をつづける。

アマテラスは高天原に住んだ。高天原つまり「高い天の原」というその名のとおり、そこは山である。つまり山の森だ。

その森がどういうものであるかは、アマテラスが天の岩屋戸にかくれたときアマテラスをよびもどすために森でつくられた品々と、それをつくった森の人々の姿をみるとわかるのではないか？

『古事記』にはそのことがつぎのようにしるされている。

八百万《やおよろず》の神々が天の安の河原にあつまって会議をしたけっか、まず高木神の子の思金神《おもいかねのかみ》に計画をつくらせて「常世《とこよ》の長鳴鳥《ながなきどり》」を鳴かせて、天安河《あめのやすのかわ》の川上の「天の堅石《かたしは》」と「天の金山の鉄《まがね》」をとってきて、鍛冶師の天津麻羅《あまつまら》をよんできて、伊斯許里度売命《いしこりどめのみこと》に命じて鏡をつくらせて、玉祖命《たまのやのみこと》に命じて「八尺《やさか》の勾玉《まがたま》の五百津《いおつ》の御須麻流《みすまる》の珠」をつくらせて、天児屋命《あめのこやねのみこと》と布刀玉命《ふとだまのみこと》をよんで「天の香山《かぐやま》の真男鹿《まおしか》の肩の骨」を打ちぬいて「天の香山の朱桜《かにわざくら》の皮」で占い神意をおしはかって「天の香山の五百津真栄木《いおつまさかき》」を根こそぎに抜いたのを立てて、いちばん上の枝にヤサカノマガタマのイオツノミスマルの玉をとりつけて、中の枝に「八尺《やたの》鏡《かがみ》」をとりかけて、下の枝に「楮《こうぞ》の皮で織った白い布」と「麻の皮で織った青い布」を垂らせて、これらの品々をフトダマノミコトが神への献上品としてささげて、アメノコヤネノミコトが祝詞《のりと》をよんで、天手力男神《あめのたぢからをのかみ》が戸の脇にかくれて、天宇受売命《あめのうずめのみこと》が「天の香山の天の日《ひ》陰《かげ》」の襷《たすき》をかけて「天の蔓柾《つるまさき》」の髪飾りをして、手に「天の香山の笹の葉」を結いつけて、天の岩屋戸のまえに「空の樽」を逆さにふせて、踏み轟かせて……。

これらの品々、つまり石も、鉄も、玉も、皮も、骨も、木も、布も、襷も、髪飾りも、笹葉も、樽も、みなタカマガハラ、つまり山の森でつくられたものである。

とすると、日本の山の森は「ものづくりの工場」といっていいのだ（絵3）。

アマテラスのまわりにいる人々はものづくりの工場で創意工夫をこらしていろいろの品物をつ

絵3　天の岩屋戸　高天原でアマテラスを呼びもどす神々（絵・伊藤龍涯／神宮徴古館農業館蔵）

くる技術者だったのである。

そしてアマテラスは、この工場をとりしきるリーダーではなかったか?

伊勢神宮は縄文の森だ

それを証するかのように『記紀』にはアマテラスのおおくの顔がえがかれている。

まずアマテラスは、日ごろタカマガハラの忌服屋《いみはたや》で多数の服織女《はたおりめ》をしたがえて神御衣《かんみそ》を織っていた。つまりハタオリメである。

ところがあるとき、弟の須佐之男命《すさのおのみこと》が山川を震動させるほどの勢いでタカマガハラにやってきたので、アマテラスは千本の矢のはいった矢箱を背中にせおい、五百本の矢のはいった矢箱を脇にいだき、弓をかまえて仁王立ちになり雄叫びをする。その姿はまったくの「武人」だ。

だが二人は誓約して子どもを生む。そのあとスサノオが乱暴狼藉をはたらいたので、アマテラスが天の岩屋戸にかくれると世の中が真っ暗になった。困りはてた人々は、さきのように策をもちいてアマテラスを岩屋戸からつれもどしたら世の中がふたたび明るくなった。アマテラスは「観天望気」つまり天候を観察し予言する「巫女」だったのである。

さらにアマテラスは「葦原の中つ国」から牛、馬、粟、蚕、稗、稲、麦、大豆、小豆などをとりよせた。そしてそのうちのイネをタカマガハラの田んぼにまいたら、秋に大収穫になった。ここに「農民」アマテラスの姿をみる。

そこでアマテラスは「葦原の中つ国はわが子オシホミミが治める国である」と宣言してその実現にむかう。それはまさに「政治家」そのものではないか?

とすると、アマテラスは「服織女」「武人」「巫女」「農民」「政治家」の五つの顔をもっていたのである。

こういうおおくの顔をもつアマテラスは、そのごの「日本の百姓の原点」といっていい。日本の自由農民である百姓はこのアマテラスにはじまる、とわたしはかんがえる。

今日、そういう「百姓アマテラス」の姿をつたえるものに伊勢神宮がある。

伊勢神宮の神域と神宮林は、神路山、島路山、前山の山麓五四二〇ヘクタールの範囲に、椎、楠などの広葉樹からなる自然林と、杉、檜などの人工林の両方があり、しかもそれらは禁伐林になっていて、兎、狐、猿、鹿、猪など多数の動物が棲んでいる。いわば今日の日本に数少なくなった「生きた森」なのだ。

またおおくの人は伊勢神宮にまいると心が洗われ、気分が休まるというが、それは参道にしきつめられた白い玉砂利と神域の千年の杉木立のせいだが、ほかにも、そこにはいろいろの生活道具があるからだろう。たとえば内宮だけでも、神社にはめずらしく港(津長神社)、水源(滝祭神)、稲の倉庫(御稲御倉)、酒蔵(御酒殿)、料理場(御贄調舎)などがあるほか、伊勢神宮を構成する全百二十五社には、稲や五穀、麻や絹、火や剣、泉や井戸、木や山、川や堤防、占いや海産物などを統べる神々が鎮座しているからだ。

それらの神々のリーダーがアマテラスなのである。

つまり伊勢神宮はたんに神社であるだけでなく、そこは「生きた森」であり、またなんでもつくれないものはない、という「アマテラスの工場」であり、さらにさかのぼればそれは「高天原そのもの」なのである。そもそもそこはタカマガハラを模してつくられたものだったのだ。

とどうじにそれはかつての「縄文の森」の姿でもある。つまり伊勢には、いまも縄文の森があるのだ。

そういう事実を確認して、これからの日本の姿をかんがえたいとおもう。

むすび　「小国大輝」の日本

——縄文にかえろう——

「科学ある者の最後」

わたしは、日本の明日を切りひらく最大の縄文DNAはこの「縄文の森」にあるとおもう。あるいはそこにみられる「アマテラスの百姓精神」いいかえると「日本の技術」をいかに発展させるかということだ、とかんがえている。

なぜそれほどまでに「日本の技術」にこだわるのか？というと、文明開化をすすめてきた明治維新の問題の一つに「科学重視・技術蔑視」があったからである。じっさいこの百四十年、科学者は偉大な人間として尊敬されてきたが、技術者は職人に毛の生えたていどにしかあつかわれてこなかった。

たとえば、中間子の存在を予見した湯川秀樹の名を知らない日本人はいないが、パンのなかにアンコをいれてアンパンをつくった木村安兵衛の名を知る人はいない。またインスタント・ラーメンを発明した安藤百福の名もあまり知られていないが、二〇〇六年にはインスタント・ラーメンは全世界で九百十六億食も食べられている。

かれら技術者は現実に日本社会におおきな貢献をはたしているが、かれらにたいする社会的評価はまるでない。各種文化賞などの候補にあがったこともない。

じっさい、技術はしばしば「科学技術」というように併合し、あるいは複合してとりあげられている。それもおおくは「科学と技術」ではなく「科学的技術」という意味である。それは伝統的技術に対するものだ。職人の技術ではなく、メカニカルな近代的技術であることが強調されているのである。

ほんらい科学と技術は、一方は物事の謎をおって新たな「発見」をおこない、他方は生活の便のために有用な「発明」をめざすものである。であるから科学は発見それ自体に意味があり、技術は世の中の役に立ってこそ、その存在価値がみとめられる。

そういう技術は、日本では昔からおおいに発達したが、じつは科学のほうはあまりすすまなかった。

たとえばわが国では、数学というと算盤などの実用計算が主で、シナからつたえられた数学遊戯も江戸時代に和算として確立はしたが、遊歴算家といわれる人たちが各地をめぐりあるいて知恵比べをするていどであったにすぎない。

というのも、科学はほんらい哲学や宗教にちかい知的生産物だからである。それは世界では、古代エジプト、古代ギリシアなど哲学や宗教のさかんな土地、いわばかぎられた地域でのみ発達したものなのだ。そういう指摘は、現代哲学者らによって、たとえば絶対的真理を否定したミッシェル・フーコー（一九二六～八四）、差異の哲学を主張したジル・ドゥルーズ（一九二五～九五）、ポスト構造主義をとなえたジャック・デリダ（一九三〇～二〇〇四）らによっておこなわれている。

かれらがそのように主張するのも、近代ヨーロッパで科学が発達したのはルネッサンス以降に、キリスト教神学の神の営為にたいして古代エジプトや古代ギリシアの流れをうけつぐ人間の理性の存在を主張したかったからであろう。それは、世界は神がつくったが人間は理性でそれを知りうる、という「理神論」につながるものだ。すると近代科学は、そもそもキリスト教神学の止揚行為としてうまれたものなのである。キリスト教と密接不可分のものだったのだ。

だからそういう歴史のなかった国々では、科学はかならずしも発達しなかった。

ところが明治に文明開化とともに日本にはいってきた科学は日本人の心をとらえた。そうして日本人は科学的真理をこの世のオールマイティのようにおもいこみ、科学をもたない国は近代国家ではない、とまでかんがえるようになったのである。

たとえば、わたしが敗戦直後にみたアメリカのニュース映画のなかに、B29の空襲によって破壊された日本の町の焼け跡が延々と映しだされたものがあったが、その最後の字幕には「科学なき者の最後」と書かれていた。わたしは暗澹たる気持ちでそれをながめていた。

そういうけっか戦後日本では、科学立国、科学振興が大きくさけばれた。さらに科学の実用化が目論まれた。今日の「遺伝子組換え」や「臓器移植」などもその延長線上にある、とおもわれる。

しかしほんらい、科学の法則は人智では測りがたいものがある。

物体間の万有引力でさえ、その物体間にどういう物理的現象がはたらいているのか、それは電磁気力か、ヒッグス粒子の移動か、ハドロン素粒子のそれか、それ以外の未知の物質の行動なのかがいまだにわかっていない。アインシュタインでさえ、とっくに匙をなげた。

であるから、そういう科学を研究するのはいいが、つまり知的遊びとしてやっているうちはいいのだが、それを実用に供しようとか、さらに金儲けの種にしようなどとかんがえると、これは大変なことになる。すべてが解明されていないからだ。解明されているのはほんの微小部分にすぎない。また将来ともその全容が解明される見とおしはない。

「原子力発電」などはそのいい例だ。この世界にのめりこんだがさいご、たとえば濃縮ウランの生産現場での、かき乱された膨大なウラン鉱脈の廃鉱物の恐ろしい現場をみても、また廃棄される使用済核燃料の処理一つをとってみても、人類はいまだにどう処理していいのかわからないのである。青森県の六ヶ所村にある、原発百基分にも相当する約三千トンの使用済み核燃料を、日本政府はこんごいったいどうするつもりなのか？

とすると、今回の原発事故は科学の実用化をはかって問題をひきおこした、いわば「科学ある者の最後」かもしれないのである。

科学は「パンドラの箱」に！

と、ここまで書いてきて、わたしはとつぜん「あ、そうか！」と、電気にふれたようなショックをうけた。

それは、さきに問題にした「世界の地雷原ともいうべき環太平洋地震帯のうえに、日本人はなぜたくさんの原発をつくったのか？」という問題である。それをさきには「パイ拡大のため」と考察したが、じつはそれだけでは不十分だった。その背後に、じつは日本人のこのような「科学信仰」があったのだ。

じっさい、天文・永禄（一五三二〜六九）のころ日本にきたポルトガルの宣教師たちはローマ法王にたいして「日本人は地球が丸いといってもなかなか信じてくれず、球ならばその下にいる人間はなぜ落ちないのか？ときかれて困っている」という手紙を書いている。

ところがそれから三百年ごにやってきたペリーは、それをニュートンの万有引力の法則で説明して日本人を納得させたうえ、さらに黒船ではこんできた蒸気機関車を目のまえでうごかして、水が蒸気になって強力なパワーを発揮する科学原理をみせつけ、日本人をそのまえにひれ伏させたのである。

そのけっか日本人は、じつは欧米の軍事力ではなくその科学力のまえに開国した、といってもいいのだ。

とすると明治維新をひきおこした「文明開化」といっても、日本人がとりいれたのは、事実上それをつくりだしたキリスト教文明などではなく、その一部として生まれた科学文明だったのだ。日本人はキリスト教文明をうけいれずに科学文明だけをうけいれ、科学的真理を「神さま」のようにみなし、とうとう科学をいわば「宗教」にしてしまったのである。ために「人文科学」「科学的社会主義」などといったように、なんでも科学という名前をつけて有難がったのであった。

そういう日本人は、広島・長崎の原爆でウランの威力をみせつけられて驚歎した。そのけっか、原子力開発を科学信仰の極限とみなすようになり、原子力がもたらす世界を桃源郷のようにおもってしまった。今日の漫画ブームの開祖となった手塚治虫の「鉄腕アトム」、お茶の水博士、ウランちゃん」などは、いわばその桃源郷の住人たちなのである。

そうかんがえると、さきの武谷三男の「原子力研究をやりたい！」という悲痛な叫びも理解できる。さらに環太平洋地震帯のうえに五十四もの原発をつくるという、西洋各国もやらないような極端なことをやったわけも了解されてくるのである。

しかし幸か不幸か、こんどの災害でやっとわたしたち日本人は科学の限界を認識するようになった。科学は神さまかもしれないが、しかしそれは「恐るべき魔神」であって、ほんらいは「パンドラの箱」のなかだけにおいておくべきものである、ということが、いまようやく理解されてきたのである。

日本の山をかんがえる

しかし日本人は、その「パンドラの箱」の蓋を開けてしまった。いったい、それを今後どうするのか？　これは人類の死活にかんする大問題である。

このように科学はときに悪魔性をもつものであるのにたいして、技術はそのすべてが生活に密着し、有用かつ普遍的なものであり、おおくの国々ではそれぞれ独自の技術を発達させてきたのである。

そして技術日本の原点は、さきにのべた「縄文の森」にある。それは縄文の山海民にはじまり、弥生時代以降、百姓にうけつがれた。山の小河川で魚をとっていた縄文人がその小河川を灌漑用水に利用して百姓になったからである。

そのことは『古事記』のなかの「塩盈珠《しおみつたま》・塩乾珠《しおひるたま》伝説」が暗示する。天孫族の火遠理命《ほおりのみこと》が、雨をコントロールする綿津見《わたつみ》大神すなわち縄文人からあたえられた珠によって水を自在に制御し、良田をつくってハヤト族をしたがえた、という話である。

するとホオリノミコトは、アマテラスにつづく日本の百姓の開祖かもしれない。

それはともかく、そうして百姓が小河川の流域につくりだした新しい生活空間のムラグニは、百二十のクニ、のちには六百の評《こほり》あるいは郡とよばれた。さらに小河川を中心に、のちには四千の郷、保、荘、二十万の村などとなっていったのである。

百姓はそういう郡・郷・保・荘・村などにあって、農業、漁業、山林業、鉱工業などをいとなみ「百姓のつくれないものは塩だけ」といわれた。しかもその塩も、縄文時代後期には関東平野の霞ヶ浦周辺に製塩土器がつくられるなど、一部で集中生産され、交換されたのだった。

そういう百姓は郷・村などで、縄文人の伝統である「自給自足の精神」をうけついで地域を開発しただけでなく、さらに縄文人の「地域連帯ネットワーク」や「子育て・太母敬愛」などの文化をうけついだ。それらはさきにのべた百姓の「なんでもつくる伝統」「いざというときには抵抗する一揆」「大社豪寺の建設」などにみることができる。

であるから歴史時代にはいっても、百姓は天皇の大御宝《おおみたから》とされ、国家の要とされた。オオミタカラは大御田族《おおみたから》である(喜田貞吉・松岡静雄ら)。百姓そのものを意味したことばなのだ。

なおここで注目すべきことは、それらムラグニを束ねる大王《おおきみ》ないし天皇は、大百姓である豪族たちという珠がつながるネックレスの輪の中空として、つまり無実体=象徴として存在したことである。それはあくまで「中央集権制」を拒否する政治的装置の一部としてあった。実体はあくまで豪族あるいは百姓だったのだ。

その証拠にオオキミなるものは姓をもたず、古代にあってはオオキミが亡くなればその宮もろとも一切のものが焼却された。それは前のオオキミにかかわるもの一切をご破算にして新しいオオキミの時代を迎える政治的知恵である。それによってオオキミと婚姻関係をむすぶ勢力の力は削がれ、世襲制と巨大権力の存在は否定され、豪族たちの均衡政治が保証されたのである。

そういう百姓について中世史学者の網野善彦は「百姓は農民ではない」と発言し、とうじ儒教の農本主義に凝りかたまっていた日本史学界を批判した。おかげで今日ようやく「百姓は百業である」という認識がすこしずつひろがりつつある。

さらに、世界に冠たる日本の戦士のサムライたちも、平安時代にこれら百姓が武装して発生したものであった。

しかし現在そういう百姓は、さきにのべたようにもういなくなった。

それはたとえば、今日かつての百姓の活動の中心だった「鎮守の森」をみるとわかる。

そこはむかし百姓の評定所だったり、道場だったり、神人共食の場だったり、農村歌舞伎の舞台だったりしたが、いまそのおおくは古ぼけた宗教施設と化し、かつての住民は去り、新住民は近よらず、境内の土地のおおくは駐車場やゴミの放置場になり、森は荒れるにまかせられている。

そういう鎮守の森の姿は、どうじに現在の日本の山の姿の象徴でもある。

第二次大戦ご、日本の山も木材資源の活用をめざして針葉樹の大量植樹をやったものの、安い洋材がはいってきていまそのおおくは立枯れの「線香林」になり、雑木もなく、下草もなく、土壊もなく、木の実もなく、動物もへり、保水力もうしない、地盤保持力もなくなって、廃車の捨て場になり、最近の台風でつぎつぎ山崩れや土砂崩れなどをひきおこしている。

しかも現在、山のおおくにほとんど人は住まず、ただ木材量だけが全国で毎年八千万立方メートルずつ不気味にふえ、しかもその大部分が放置されて自然災害の原因をつくっている。

こういったことをいったいどうしたらいいのか？

わたしは以上のべてきた見地から、このさい国策として「原発という科学の実用化をやめ、かわりに日本の山を徹底的に生かす総合的技術開発にとりくむべきだ」とおもう。それは「科学から技術へ」の根幹的事業となるものだ。

日本には名のある山だけでも一万八千ほどある。無名のものをもふくめればその十倍ぐらいはあるだろう。それらを市町村の数で割れば、各市町村は平均して有名のもので十ほど、無名のものも合わせると百ほどの山をもつことになる。

そこで各市町村は森林浴をはじめとして「管轄区域内にあるそれらの山をこれからどうするのか」を真剣にかんがえる。国はそのための各種援助をおこなう。

市町村がそういうことをはじめると、市町村民ももちろん山に関心をもつようになる。山の保全も、利用もすすむだろう。そういうなかで、原発にかわる太陽熱・地熱・水力・風力・バイオマス等のエネルギー開発もかんがえるのである。

このように、日本の国は国土の七割をしめる山という資源を見直し、国家施策としてその総合的な開発と保全をおこなう。そして人々は創意工夫をこらしてその技術的解決をかんがえるのである。

それが「現代の百姓」の大きな課題である、とわたしはおもう。

情報が日本を変える

それにしても、いまの日本の現状をみると「そんな変革ができるか？」といわれるかもしれない。

だがかんがえてみると、一八五三年にペリーがひきいる黒船が日本にやってきて日本中は上を下への大騒ぎになったが、一八六八年には明治維新がおきて幕府は消滅してしまった。その間たったの十五年である。阪神淡路大震災がおきてから今日もう十七年もたっていることをかんがえると、明治維新はあっというまにおこったのだ。

じっさいペリーが来航したとき「二百六十五年間つづいた幕府が、その十五年ごにつぶれる」などとだれが予測したか？　そんなことをかんがえていた日本人がとうじ一人でもあったのだろうか？

「未来恐るべし」である。未来はなにがおきるかわからないのだ。

現状の日本は、政治的にも経済的にも社会的にも逼塞状態にあり、国際社会も一寸先は闇のような状況がつづいているが、しかし変わるときには変わる。

いま絶望的な気分におちいっている人も、目先だけをみるのでなく、日本という国がどういう国であるかをかんがえ、そういう考えでまわりの変化をみていけば、そこに未来への「変革の気配」がみえるはずである。そういう気配を感じとることがそもそもの「日本文化」ではなかったか？

歌人の与謝野晶子も、自然や社会のかそけき変化のなかに春の到来を感じる数多くの歌をよんでいる。

呉竹も春の初めは青銅の寒き色して風に鳴るかな
十日して確かに春の来ることを知るは太鼓を打てる子らのみ
大地より放つ光を疑わず林のなかの下草を見よ
鼓《つづみ》より笛の囃子に移りたる霰《あられ》ののちの初春の雨

これらの歌に示される日本人の自然や社会にたいする感受性こそ、わたしたちの誇るべき日本文化なのだ。

さてそういう変革における問題は、明治維新をみてもわかるように「かならずしも権力や、武力や、財力によってなされなかった」ことである。明治維新がおきたのも、さきにのべたように

「情報力」であった。武力がもちいられたのは、その最後の最後でしかない。

では、その情報力とはなにか？

明治維新のばあい、さきにのべた藤田東湖の「尊王攘夷」というたった四文字のスローガンと、会沢正志斎の『新論』というたった一冊の本とである。全国の武士のおおくがそれに熱狂し、そして立ちあがったのだ。

これにたいし、将軍、老中、藩主、公家たちは抵抗した。しかしかれらは敗れた。「幕府討伐に反対した孝明天皇も毒殺された」とさえいわれる。そうして明治維新がおこったのだ。

とすると、これからの日本の変革もそういう「情報力」からおきるのではないか？

ではどういう「情報力」か？

それをさいごにかんがえたい。

「自立・連帯・奉仕」

わたしはさきにのべたように、縄文人は「自立・連帯・奉仕」の精神をもっていた、とかんがえている。

もちろん、わたしが縄文人を見たわけでもないからわたしの勝手な思いこみにすぎないかもしれないが、しかし縄文人のあとをついだ百姓には、たしかにそういう資質や気風があった。

じっさい中世の百姓はさきにのべたように、乏しい資源で「なんでもつくりだす技術」や、圧政にたいして「一揆でたちむかう団結」や、草深い田舎で「大社・豪寺を建ちあげる文化」などをもっていた。

つまり「自立・連帯・奉仕」という精神を百姓たちはみな手にしていたのである。

そしてそういう資質は百姓のみならず、人間一般にとって必要なものである。さらに人間だけでなく動物全般にとっても本質的なものなのだ。

というのも、動物は「食べる・食べられない・子育て」の三つを基本に生きているからである。どんな動物も、食べることに命をかけているし、またじぶんが食べられないことにも命をかけている。そのうえで子どもを生み育てることにもこれまた命をかけている。そうしないと種が滅びるからだ。

それらのことは、いいかえると「自立・連帯・奉仕」である。自立しないと食べることができないし、連帯しないと食べられてしまう。そして子育ては重要な社会奉仕だ。

とすると「自立・連帯・奉仕」ということは人間にのみゆるされた特許ではない。動物も本能的にやっていることなのだ。

であるから人間がそうことをやったからといって自慢できることではない。しかし、それもやらなければ動物以下ということだ。じつは現代人間社会にはそういう面がなきにしもあらずである。そして残念ながら、それは日本の現代社会についてもいえることなのだ。

であるから縄文人がそういう精神をもっていたからといって、かくべつ不思議でもない。むしろそういう精神がなかったら、かれらの社会は一万年もつづかなかっただろう。

そこでそういう「自立・連帯・奉仕」の精神をもった人間を現代日本でかんがえてみよう。縄文人・百姓につづく人間、「自立人間」であり「連帯人間」であり「奉仕人間」であるような人物たちである。

さきに明治政府による「非百姓化」政策についてのべたが、なかに百姓をあきらめて郷村を去った人々がいた。問題はその人々の去就である。

それをしるために今日の産業人の出自をかんがえる。それは大きくわけて三つある。

一つは、江戸時代の商人から転化した人たちだ。その典型は三井、住友、鴻池などの旧家につらなる人々で、かれらは江戸時代に呉服屋、銅商人、造り酒屋だったが、明治維新で一時的に大打撃をうけたもののその資本と信用力にものをいわせ、新時代の百貨店や電線会社、銀行などに衣替えして成功した。

二つ目は、明治政府の官営工場などの払いさげをうけた民間人である。たとえば三菱の創業者の岩崎弥太郎は土佐の地下《じげ》浪人だったが、藩の武器・弾薬などの補給をあつかい、維新ご、政府との連携をふかめて近代実業の道をひらいた。古河鉱業の創始者古河市兵衛も、明治の政治家陸奥宗光と親交をかさねて銅山王になった、そういう人たちである。

そして三番目は、もと百姓だったが農業をあきらめて都市にでて工業をおこした人たちがある。たとえば豊田佐吉は遠江国吉津村の村大工だったが、人力織機や動力織機を発明し、その子孫は今日、世界的な自動車産業をつくりあげた。さらには住宅、金融、情報通信など多方面の分野にも進出している。

また倉敷紡績をひらいた大原孝四郎も備中国倉敷村の大地主だったが、農業をみかぎって紡績業に転身して成功をおさめるとともに、倉敷の町そのものの活性化にも貢献している。

さらに松下幸之助は和歌山県和佐村の貧しい農家の出だが、都市にでて火鉢屋の丁稚、自転車屋の店員、電燈会社の社員などをへて零細電気会社をおこし、今日、パナソニックとして世界の電気事業界に君臨している。

というふうにみてくると、日本企業で成功した人々のなかに百姓出身者のおおいことがわかる。

さて以上の三類型のうち、第一の人々は「名望と家産」により、第二の人々は「政治家との提携」によってそれぞれ活路を見いだしたが、第三の百姓出身者たちは「技術と創意工夫」によって今日をひらいた、ということができる。

さらに特筆すべきことは、この第三類型の人たち、たとえば豊田グループは大学、病院、博物館などをもち、大原孝四郎の子の孫三郎は社会問題研究所や美術館などをつくり、松下幸之助は松下政経塾をはじめるなど「自立」だけでなく「連帯」や「奉仕」といった分野にも貢献している ることだ。

たしかに百姓のおおくは明治政府の圧力のまえに解体してしまったが、なかに以上の三者などは、もちまえの技術力と判断力でモノづくりの企業人として成功をおさめ、さらにモノづくりだけでなく、日本社会の教育や福祉、政治や文化にまでも貢献しているのである。

技術大国——活物在魂

というふうにみてくると、日本社会はこれからもいっそうモノづくりに打ちこんでいくことが大事だ、とおもわれる。

かんがえてみると、日本は鉄も石炭もオイルもウランもない「資源小国」である。近代工業をすすめていくうえでこれほど資源のない国もめずらしい。にもかかわらず、日本が今日、世界の工業大国になったのは、このような「百姓精神」があったからではないか。自立自営や創意工夫の精神である。

それはさきの三人だけではない。じつはモノづくりの中小企業主たちのおおくが百姓出自なのだ。したがってかれらは、仕事においてなんでもこなす。しばしば親会社から過酷な要求をつきつけられるが、そのつど創意工夫をこらしてその期待にこたえている。

また第一、第二類型の人たちにみられないことだが、かれらはつくる製品の型も、種類も、ときにはみずからの製造業種でさえも平気で変えてゆく。そういう変化を恐れないのだ。

というのも、かれらは極端にいうと、旋盤ひとつでなんでもつくりだす「何でも屋」だったからである。そういう「何でも屋」でないと、モノづくりの中小企業主はつとまらないのだ。

かれらのそういう「何でも屋」の姿勢の元は百姓にあった。むかしから日本の百姓は「何でも屋」だった。

百姓がそうなったのは、この国の主要生産物であるコメづくりによるところがおおきい。欧米のコムギづくりはコムギの種をまいたらあとはただ刈るだけ、といっていいが、日本のコメづくりは、そのあとにおおくの複雑な工程があるからだ。順にいうと、山の植林や育林にはじまり、川の管理、池沼づくり、水路づくり、番小屋づくり、苗代整備、苗代栽培、田づくり、水張り、施肥、追肥、田植え、鯉入れ、草抜き、案山子立て、鳴子引き、猪垣づくり、鹿威し、水落し、虫送り、稲刈りなどといった仕事が延々とつづくのである。

しかもそういう工程は、農業だけでなく林業、漁業、土木業、建築業、化学工業、工作業などにもかかわるおおくの職種の複合である。それを百姓がみなやるのだ。

さらに大切なことは、そういう多様な物づくりの根底に、つくる物にたいする百姓の愛情があることである。長年の経験から「愛情をもって物を生かす」ことをなにより大事としてきたからだろう。

そのけっか、百姓さらにその伝統をうけつぐ日本の職人たちは、しばしば物に命があるかのようにふるまう。ときには物と対話をしたりもする。

京都の祇園祭の山鉾づくりで、高さ二メートルもある大きな木製の車輪を釘一本つかわずに組上げるとき、人々は幅《や》や輪縁《わぶち》になる木片を湯につけたり、反らせたりしながら、「ダマソウ、スカソウ、ネムラソウ、オコソウ」などといって軸受にはめこんでいく。さいごに地面におかれたまだ未完成の傘状の車輪の上に数人の人々がかけ声もろともいっせいにとびのると、その瞬間にすべての木々の接合部がピタリとはまってしまう。車輪の完成だ。そのタイミングが一秒の何分の一でもずれたら、また一からやり直しである。

そういったことを江戸初期の儒学者の伊藤仁斎（一六二七〜一七〇五）は「聖人は天地をもって活物とし、異端は天地をもって死物とす」という（『童子問』）。「聖人」は孔孟の教えをうける日本の百姓や職人であり「異端」はそれをみとめない役人や学者たちなのだ。

わたしはそれを「活物在魂の思想」と名づける（拙著『呪術がつくった国日本』）。活きているものには魂がある、ということだ。日本人は資源のとぼしいこの国で、活物在魂の精神によってモノづくりにたちむかってきた。それが日本の職人なのである。

そういう職人を見わける方法は簡単である。

それは、その職人が道具を大切にしているかどうかだ。世界のあちこちに技術指導にいっている人が嘆くのはいつもそのことである。たとえば外国人の職人に道具を貸すとボロボロになってかえってくるそうである。それに反し日本の職人は道具を命とかんがえ、貸し借りなどはもってのほかだ。いつも道具を大事にして暇があると磨いたり研いだりしている。ときにはだいて寝る。

その道具の真骨頂は手だ。日本人は手一つでおおくのものをつくりだす。たとえば稲作もコメづくりだけではない。ほかに餅、菓子、酒、酢、味噌などをつくるし、稲藁から燃料、飼料、肥料のほか、叺《かます》、筵《むしろ》、縄、畳床、さらに蓑、藁手袋、脛巾《はばき》、草履、草鞋《わらじ》などもみな手一つでつくる。

これらモノづくりにみるかれらの愛情や道具や手は、すべて「縄文DNA」といってよいものであろう。

とすると、これからの日本もこういう伝統をうけついで、自立自営の姿勢にたちつつ創意工夫をこらしながら「資源小国から技術大国へ」の道筋をあゆんでいくべきだろう。

なおそのばあい大きな課題の一つに、日本の国の「食料とエネルギーの自給」という問題がある。スイスの経験をみてもわかるように、食料とエネルギーが完全自給できなければ独立国家を維持することは困難だ。じっさい、日本の近海で国籍不明の魚雷が日本のタンカーに一発命中するだけで、日本むけの何千何万の船舶がすべて止まってしまう。すると日本社会はパニックになる。かんがえてもおそろしいことだ。

わたしたち日本人は、これからそういった問題にも対処する技術開発をおこなわなければならないのである。

自然大国――観天望気

またそれはモノづくりだけではない。空間づくりだってそうだ。

日本は資源というモノが少ないだけでなく、国土もいたって小さい。つまり「資源小国」にくわえて「国土小国」なのである。

しかし国土は小さくても、日本には春夏秋冬の季節がある。それに対応する人々のさまざまな生活習慣や文化がある。季節におうじて食も、衣も、住も、遊びもいろいろにかわるのだ。

そういう意味で、国土の面積が小さいにもかかわらず、生活はたいへんゆたかなのである。むかしから日本人はそういう豊かな国土において自然と戯れるように生きてきた。春の草摘みにはじまり、梅見、花見、潮干狩り、海水浴、月見、松茸狩り、紅葉狩り、雪見などなどだ。

そういう自然との接触に欠かせないのが「観天望気」ということである。「天を観、気を望む」つまり「天空を観て自然の気を望み、経験と直感で明日の天気をしる」天候観測だ。むかし家刀《と》自《じ》といわれた一家の女主人たちがみなやっていたことなのだ。

それは、空や雲や、山や霞や、葉や花や、鳥や虫やなどの生態観察と、生まれてからこのかたの彼女たちの経験によるものである。であるから、『日本書紀』によると、蘇我入鹿の命によって何百という僧たちが雨乞いをしても雨をふらせることができなかったのに、女性である皇極天皇が雨乞いをするといっぺんに雨がふったのだ。それも自然が垣間みせるたくさんの情報と、それを読み解く「家刀自」の自然観察力によって可能だったのだろう。

また日本の歌や俳句のおおくも、観天望気そのものといっていいものである。

今日、気象庁の天気予報はおおまかなもので、なかなか小地域の天気のことまではわからないが「戸外民族」の日本人はいまいちどこの観天望気の技術をおもいおこし、地域地域の天候を人々が肌で知るようにしたい、学校でもこどもたちにしっかり教えたい、そうして自然の気をうけて人間精神を活気あるものにしてゆきたいのである。

このように自然が多変化する日本の国土は、芝居でいえば固定した一つの舞台があるのではなく、目まぐるしくいれかわる舞台がたくさんあるのに似ている。つまり、物としての舞台は一つであっても、その舞台がつぎつぎにいれかわるから、見かけ上の舞台はたくさんあるのだ。

むかしの人は、日本の国土は旬ごとにすべていれかわる、とみた。旬とは十日間のことをさすから一年では三十六旬だ。平安時代の十二単《じゅうにひとえ》あるいは袿《うちぎ》なども旬ごとにかわった。清少納言も『枕草子』で「すさまじきもの三、四月の紅梅の衣《きぬ》」などといって批判している。

すると日本の国土はじっさいの国土の三十六倍もあることになる。つまり日本は「舞台大国」

すなわち「自然大国」なのである。つまりこの国は「国土小国」ではあるが、じっさいには「自然大国」といっていいのだ。

そういう視点にたつと、これからの村づくりや町づくり、観光産業なども、新しい展開がみられるだろう。

終わりに、この問題についても一言のべる。

それはこの「自然大国」における防衛問題である。外国軍によるスイス侵略の目的が「アルプスの交通路の掌握」にあるのなら、スイスとどうよう侵略に値いする資源の少ない日本に、侵略の目的があるとしたら、それは「山と海」だろう。

日本の山には膨大な森と地下水がある。日本人はそれをべつに不思議にもおもわないが、おおくの外国人にとっては大きな魅力であり、かつ、資源である。

さらに海にはもっと膨大な水産資源さらには鉱業資源がある。それを乱獲されたら日本人は生きていけないだろう。

ではどうするのか？

人々が都会に住むだけでなく山にも住み、海をも見張る態勢をつくらなければならない。それには、すべての日本人が「都鄙併住」すなわち都会と田舎の両方に家をもつことだ。人々はときどき長期休暇をとって住みかえたらよい。山深い田舎でむかしからやっていたことである。企業はそれを援助し、国や市町村はそうする人に減税などの特典をあたえる。国防の第一は、侵略される恐れのあるところに人が住むことなのである。しかもそれは国防だけでなく、日本人の生活資産の増大につながる。日本経済もいつまでも輸出立国にたよるのではなく、資産立国をめざすべきである。

そしてスイスのように「民間防災員」というものも制度化する。有事にはみな市町村長の指揮下にしたがう。そうなると、市町村長はわたしたちの命をあずかる存在になり、人々が市町村長をえらぶのも真剣になるだろう。市町村の政策にも関心をもつようになる。直接民主主義の実現も社会的に要請されてゆくとおもわれるのである。

文化大国――温故知新

また日本は、四面を海にかこまれた島国つまり「自然鎖国」の国である。ためにむかしから大陸との行き来は困難をきわめた。それは飛行機が発達した今日でも基本的にかわらない。したがって日本人が、日常、外国人と接触して情報をうるのはいたって困難なのである。

日本人が「英語習いの英語下手」つまり英語は長い期間勉強しているのに英会話はさっぱりだ、といわれるゆえんである。本のうえでは英文学に接していても、日常、外国人と接する機会がほとんどないからだ。外国のふだんの情報がなかなかはいってこないのである。

それはむかしからのこの国の伝統であった。昔の人も「漢文習いのシナ語下手」といわれた。漢文で『論語』がよめても、シナの人とは会話ができなかったからだ。そこでみな筆談という面倒なことをやった。

これに反し、たとえばスイスは周囲の国々と国境を接しているから、スイス人は日常、さまざまな国の人々と接触している。国外からスイスに通勤している人もいれば、スイスにすみながら買い物は隣国にゆく人もおおい。

であるからスイス人は、独・仏・伊語のほかに英会話も堪能である。日常の外国情報も国内並にはいってくる。スイスは「情報大国」なのである。それにたいする日本は、国内外の人間の行き来が困難なために日常の外国情報はいたってすくない「情報小国」というほかない。

ところが「日本列島はアジア大陸の東端にある」という位置のために、むかしから西の大陸からやってきた高級な情報、すなわち文化が日本列島にたまっていった。ここからさきは太平洋でそれ以上の行き場がないからである。律宗の開祖の鑑真和上も、朱子学と陽明学をつたえた朱舜水もともに日本で死んでいる。

であるから日本列島は、仏教文化や儒教文化の一大ストック場となった。それは仏教・儒教だけでなく欧米文化についてもいえる。げんに日本の欧米文献の翻訳量は質量ともにすごいものがある。

といったことから、日本は孔子の「温故知新」すなわち「故きを温《たず》ねて新しきを知る」ことの実践できる国なのである。古い文化のストックを生かしつつ新しい文化をつくりだすことができるのだ。もちろん外国文化だけでなく、この列島に花咲いた日本文化についてはいうまでもない。

とすると、日本は「情報小国」であっても「文化大国」になる可能性があるのではないか？

そういったこともこれからの日本の政治や外交、文化の政策の基本としてかんがえるべきことだろう。

この問題にも課題を提起する。

ゲーテがいったように、世界に花咲いたドイツ文化は地域分権国家から生まれた。とすると、日本の国も明治いらいの中央集権政治をそろそろあらためなくてはなるまい。

わたしは「スイスは三千の都市国家だ」といったが、これからの日本も、スイスにならって市町村を単位とする「都市国家」にすることが必要である。そうすればゲーテがいうように世界にほこる「文化大国」になる可能性もひらかれていくのではないか、とおもわれるのである。

「小国大輝」

以上のように、日本は資源小国であり、国土小国であり、また情報小国である。しかしいま考察したように、視点をかえれば「技術大国」「自然大国」「文化大国」になりうる可能性をもっているのだ。資源、国土、情報という点では小さな国であっても、技術、自然、文化という点では大きく輝くことができるのである。

じつは西郷も文明開化の「大国主義」を否定するつぎのような発言をおこなっている。

電信を懸け、鉄道を敷き、蒸気仕掛けの器械を造立し、人の耳目を慫動《しょうどう》すれども、なにゆえ電信鉄道の無くては叶はぬぞ、欠くべからざるものぞ、という処に目を注がず、猥《みだ》りに外国の盛大を羨み、利害得失を論ぜず、家屋の構造より玩弄物に至るまで一々外国を仰ぎ、奢侈の風を長じ、財用を浪費せば、国力疲弊し、人心浮薄に流れ、結局、日本、身代限りのほか有るまじく也。

「なんでもかんでも西洋崇拝にはしるな。物事はすべて必要なものかどうか、よくかんがえて行動せよ」という。

しかしそれはいいとしても、そういうことで世界の強大国に伍してやっていけるのか?

西郷はいう。

人心の霊、太陽のごとく然り。ただ克伐怨欲《こくばつえんよく》、雲霧四塞《うんむしそく》せば、この霊いずくにか在る。ゆえに意《こころ》を誠にする工夫は、雲霧を掃うて白日を仰ぐより先なるはなし。

「われわれは太陽である。それをおおっている雲や霧をはらいのければ光り輝くのだ」。

ここにわたしは西郷の「小国大輝」の思想をみる。資源小国も、国土小国も、情報小国も、雲霧をはらえばみな技術大国、自然大国、文化大国になって光り輝くからだ。

その雲霧をはらうことを、わたしはいままで再三のべてきたように日本人が「その原点にかえることだ」とみる。いいかえると「日本人の古くからの歴史や文化を知ること」なのである。

その日本人の古くからの歴史や文化というのは、通常の教科書にあるように七世紀の聖徳太子からはじまったり、あるいは紀元前一、二世紀ごろの金印発見をのべるだけのものではない。いままで論じてきたように、縄文時代一万年をふくむ一万三千年の日本人の歴史と文化だ。いいかえるとそれは、国家史や権力史あるいは中央史ではなく、民族史、庶民史あるいは地域史なのである。

そうして、この国の独特の地勢と風土から、資源と国土と情報のすくない、かつ、自然災害のおおいこの日本列島において、一万年も生きぬいてきた縄文人、そしてその伝統をふまえて三千年も活躍してきた百姓、サムライ、その百姓やサムライの精神をうけついで今日、頑張っている多くの自立人間の思想や行動をみることなのだ。

そこに「小国大輝」をめざす日本の鍵がある、とわたしはおもう。そしてその「小国大輝」こそがこれからの日本のスローガン、つまり情報力になるのではないか？とかんがえるのである。

死んでたまるか！　日本

そういう「現代自立人間」は、現在、大企業のオーナー社長、数多くの中小企業主、職人、百姓、漁民などにおおくみられるが、それだけではまだ足りない、とわたしはおもう。

というのはそのほかにも、この「国民総サラリーマン化時代」において除外され、問題をかかえる多くの人々がいるからだ。

わたしは「まえがき」で自立人間を論じたとき「無職」をいちおう除外したが、ここであらためて無職のうちの専業主婦、定年退職者、非正規雇用労働者をとりあげたい。というのも、現代日本社会で専業主婦、定年退職者、非正規雇用労働者の存在が忘れられているからである。かれらのもつ知識や経験が社会にあまり生かされていないのだ。

じっさい、専業主婦のおおくは高等教育をうけ、いろいろの知識や経験をもっているが、それらが社会に生かされず、セレブなどとよばれて気のあった仲間とメシを食っているだけのことがおおい。

また定年退職者のもつ人生の情報量はものすごいものがあるのに、サラリーマンを終えた用済み人間とされ、社会の被保護者とされて、帽子をかぶって、ジャンパーをきて、ズックをはいて、うつむいて、ただ黙々と街をあるいている。

わたしは専業主婦も定年退職者もこのまま死んではならない、とおもう。社会は、専業主婦と定年退職者をもっと生かすことをかんがえるべきである。

たとえば学校関係者は、毎日曜日の朝、各地域で専業主婦と定年退職者と子どもたちが交流するために小中学校の校舎と校庭を開放すべきである。そこで専業主婦と定年退職者と子どもたちは、凧揚げ、独楽《こま》回し、縄跳び、踊りなどをいっしょに遊び、また昔の日本の姿、各地の伝説、世の中の仕事、面白い本や映画などを語りあう。そうしてアンパンから十二単までの「日本文化」を肌で知る「日曜学校」をひらくのである。地方公共団体それを積極的に援助する。

こうしてマンションにすむ家族が日曜日に一家をあげてスーパーにでかけて息をぬくだけでなく、一千万の先輩が一千万の後輩に「生きた日本」のことを肌でつたえあうのだ。

さらに大きな問題は非正規雇用労働者である。

アルバイト、パートタイマー、契約社員、派遣社員などとよばれる非正規雇用労働者は、バブル経済崩壊ごに増えつづけ、全雇用労働者に占める割合は一九八〇年代に一〇パーセント、九〇年代に二〇パーセント、二〇〇〇年代に三〇パーセント、二〇一〇年代には三五パーセントをこえつつある。いまや労働者の三人に一人以上がいわゆるパートなのだ。

そのようにパートが増えつづけるのも、各企業が景気低迷だけでなく、安価な労働力をもとめ、また未来の経営の不確定性に対処しているためだ。とすると、それは経済問題ではなく、もはや社会問題である。つまりこのような事態はこれからもずっとつづく日本経済の体質になってきているのだ。

ではどうするか？

わたしは、これら非正規雇用労働者はその待遇が悪く、また生活面もあまり保障されていないが、しかし「かれらにこそ日本の未来がある」とおもう。

というのも、かれらはサラリーマンではないからだ。自営業とはいわないが、ともかく必死になって自立しようとしている。サラリーマンのようになにかにつけて拘束されることはない。失敗を恐れたり、上役のご機嫌をとったりしなくてもよい。もちろんそうしないとクビになるかもしれないが、クビになったらまた新しい職場をさがせばよい。

そのために必要なことは、おなじような状況にある仲間たちと日ごろから交流することである。そういう情報交換によってつぎの職場をさがす。東京の郊外には、かれらパートたちの溜り場の食堂や飲み屋がふえつつある、という。

また正規社員が上役にご機嫌をとっているあいだに、非正規雇用労働者は仲間との交流をつうじてたがいに技術を磨く。そうしていろいろな技術を身につけて現代の百姓になる。将来は自営業者をめざす。つまりみな「社長」になる。自立人間になるのである。

そうして自立人間になったら、一万年の縄文人いらいの日本人の生き方、すなわち「自立・連帯・奉仕」の精神にしたがい社会奉仕をも実行する。

そういう一匹狼の自立人間が増えていったとき、このサラリーマンだらけの日本社会は大きく変貌するだろう、とわたしはおもう。日本の未来も拓かれていくのだ。

「死んでたまるか！　日本」である。

「天皇はヒミコにかえれ」

さいごに「日本の国の形」について一言ふれて本書の結びとしたい。

日本の国の形は、以上のべてきたように縄文・弥生いらい一貫してユニークな伝統があった。とはいっても、もちろん縄文時代に国家はない。それはいままでのべてきたように各地に分散割拠した人々による「自立・連帯・奉仕の社会」だったとおもわれる。ところが弥生時代になってかれら縄文人の一部は、海外からはいってきた稲作技術をとりいれて各地に池沼や小河川を中心とするムラグニをつくった。

しかし大陸からこの国にやってきたアマツカミたちが、このムラグニつまり豊葦原の人々をみて「霊捷《ちはや》振る神」（松岡静雄）といっておどろいたように、縄文人の伝統をひく弥生人は「すばしこく強い魂《たま》をもった人間」であったのだ。ために『風土記』にみる播磨国の水争いにみるように、水利権等をめぐって争いなどがたえなかったとおもわれる。

そこでムラグニの長たちは、この国のグレート・マザーの伝統にしたがったのであろう、有力な巫女を共立して「日御子《ひみこ》」とし、一人のムラグニの長がその下にあって実務をみる「ヒメヒコ制国家」をつくったのである（『魏志倭人伝』）。

そのヒメがのち大王《おおきみ》、天皇となったのであった（拙著『一万年の天皇』）。

そのヒミコ、オオキミあるいは天皇の仕事は、太陽に象徴される自然にしたがい、天下国家の平和を祈ることであった。したがってヒミコ、オオキミの系譜をひく天皇も、生理的には男であっても女のような行動をとった。男とおもわれる神つまり太陽や自然にたいして、女の立場から恋の歌などをささげたのである。

じっさい初代天皇の天智天皇も、百人一首にある「秋の田のかりほの庵の苫をあらみわが衣手は露に濡れつつ」の歌のように農民の労苦をしのんでいるが、もう一面でそれは秋は「飽き」につうじ「あなたに飽きられて訪ねてこられないのでわたしの袖は涙にぬれています」という恋の歌とされる（丸谷才一）。そのばあい、あなたとは神であり、太陽であり、自然である。であるから歌の本旨は「神に飽きられたこと」つまり不順な天候の回復を恋いねがったものなのだ。

このようにヒミコないしオオキミはいわば司祭者であって、じっさいの政治はさきのヒコがおこなった。しかしそういうシステムによってヒコは実務に徹し、権威をもたず、権威にもとづく権力の肥大化や世襲化は極力避けられた。

いご歴史的に紆余曲折はあったが、そのシステムは日本の国の基本の形としてありつづけた。じっさい、徳川時代も天皇がヒメで将軍がヒコであった、といえる。

そういうヒミコを中心とする国家の形は、さきにのべた「真珠のネックレス」に似ている。個々の真珠が豪族あるいは人民で、輪の中空がヒミコだからである。

ところが明治になってこの「真珠のネックレス」体制はくずれた。天皇は「ヒメ兼ヒコという現人神《あらひとがみ》」になり、アラヒトガミを頂点とするピラミッド体制がつくられたからである。そのけっかアラヒトガミをかつぐ「有司専制」という官僚独裁体制がすすみ、その独裁が高じて日本を神国と規定して国家は暴走し、そして瓦解した。

第二次大戦ご、そういう体制は解消されたものの、天皇の在り方はうやむやのまま今日におよんでいる。ために戦前の天皇制の傷跡をいまだに癒すことができず、政治の左右対立がすすみ、国論分裂をうんでいる。

そこで最近は「天皇制論議」もおこなわれはじめたが、ヨーロッパの女帝の例なども引きあいにだされて「男系か」「女系か」など混乱をきわめている。しかし天皇制の在り方がはっきりしないと、これからも日本の国論分裂がつづくであろう。

日本国民の最大の思想的分裂は、じつは「憲法九条」でも、「靖国参拝」でも、「南京事件」でも、「慰安婦問題」でも、もちろん社会主義でも共産主義でもなく、この天皇制問題なのである。

天皇制のこれからのあり方をはっきりさせないかぎり不幸な国論分裂は今後もつづくであろう。

そこでわたしは、縄文時代のグレート・マザーの伝統をもつ一万三千年の日本の歴史にしたがい「天皇はヒミコにかえれ」と主張したい。

そのために、天智・天武時代にはじまる「世襲天皇制」を再検討し、江戸時代以前の豪族の合議による天皇制、さらには弥生・飛鳥時代の「共立ヒミコ制」にもどることをかんがえる。じっさい世襲天皇制とはいうものの、さきにのべたようにじっさいにはアマテラスの血は受けつがれていない。そして世襲天皇制はしばしば親政天皇や軍人天皇をうんで世を混乱させた弊害をおもいおこすべきである。これにたいし、天皇以前のオオキミさらにヒミコは、おおく人民の共立に拠っている。そのことは『魏志倭人伝』のみならず、宇遅能和紀郎子《うじのわきいらつこ》と大雀命《おおさざきのみこと》との皇位継承問題をみてもわかる。皇位継承に大きな影響力をもったのは海人たちの献上品だったからだ(「仁徳紀」)。

そこで天皇制はその始源の共立ヒミコ制にたちかえり、全日本の女性のなかから、日本の祭祀と文化のリーダーとなるべきヒミコを国民がえらんではどうか？　ヒミコは「現代日本のグレート・マザー」となり、「女性文化大統領」となり、国家元首となる。そのヒミコを「中空」において、政治家は権威・権力をもたず政治の実務に専念する。大事な問題はすべて国民の政治参加で決める。公務員は真珠の珠をつなぐ糸として厳正中立に職務にはげむ。そうして「真珠のネックレス国家」を完成させるのである。

それが一万三千年の歴史にしたがった日本の国の形である、とわたしはかんがえている。

あとがき

この本は、日本人が平和に過ごした戦前や、空襲に逃げまどった戦中や、無我夢中で働いた戦後のことなどをぜんぜん知らない現代の若い人たちに、また「神国日本」を信じる右翼の方々や「侵略日本」を恥じる左翼の皆さんに読んでもらいたい、とおもって書きました。一言でいえば「日本の国の文化をかんがえる」というものです。

では「日本の国の文化とはなにか？」というと、日本人の心です。それは大和心といっていいでしょう。

江戸の国学者の本居宣長は「敷島の大和心を人問わば朝日に匂う山桜花」という歌を詠んで大和心を「物のあわれ」としました。それは聖人君子の道を説く唐心《からごころ》にたいし、日本人の意識を政治でも道徳でもなく自然の感懐のうちにみるもので「上古の君臣みな自然を神と奉じ、身修めずして修まり、天下治めずして治まった」と指摘します。

また明治の民俗学者の南方熊楠も日本歴史を、明治維新以降の欧米文化の影響をうけた時代、奈良遷都以降のシナ・インド文化の支配下の時代、そしてそれ以前の日本独自の時代の三つにわけ、いちばん古い日本独自の時代には「祓えたまえ、清めたまえ」にみるようなタブーの体系をもった。それは日本神道としていまも生きている、と喝破しました。

さらに明治・大正・昭和の哲学者の西田幾多郎は西洋哲学をまなんだのち、みずからの座禅体験から「純粋経験」という概念を提起し、それによって日本人の知識・道徳・宗教の総体を基礎づけました。それは今日風にいえば左脳の活動を停止して右脳の活動にウェイトをおくもので、鳥や獣などの動物の本能的感覚に還るものといっていいでしょう。

とすると「そういう純粋経験は、未開の生活をおくっていた人間も強力にもっていたのではないか?」とわたしはかんがえ、日本歴史を従来の律令制いごの千三百年の政治史でなく、古墳・弥生さらには縄文時代にさかのぼる「一万三千年の日本民族史」としてみることをこころみました。

そのけっか、当初はほぼ完全に、末期の江戸時代にあっては曲がりなりにも「自立・連帯・奉仕」という日本人の価値意識の存在することを知ったのです。それは動物的感覚にも近い「人間の行動様式」で、その意味で生物として非常に健全なものだった、といえるでしょう。

しかしそういう人間の行動様式は、明治維新いごの近々百五十年のあいだにしだいになくなってきました。明治政府が西洋的近代化を急ぐあまり、政治の中央集権化と国民のサラリーマン化を強力におしすすめ、一万三千年のあいだ地方に育まれてきた山海民、百姓、サムライ、郷士たちの社会を解体していったからです。

それとともに日本社会から「自立・連帯・奉仕」という日本人の価値意識も失われていきました。人間社会は物質的には高度化しましたが、精神的には動物園の動物のように野生を失った人間の集団と化してしまいました。

そういう結果として現代社会にさまざまな問題が派生し、現代日本は混迷に陥っている、とわたしはかんがえます。

そこでわたしは「縄文いらいの日本文化の歩みをいまいちど振りかえり、ふたたび自立・連帯・奉仕の精神をもつべきではないか?」とおもうようになりました。

それがわたしのかんがえる「大和心」なのです。

ためにここ数年、わたしは機会のあるたびに、明治維新いらいの「魔の百五十年」を清算し、縄文いらいの日本文化を回復させ、明日の輝かしい日本を築くための政策について論じてきました。それらの講義録や講演録をまとめたものが本書です。ために繰返しや重複のおおい本となりましたが、ご寛恕ください。

なお末筆ながら、そういう講演などの機会をあたえていただいた「清風情報工科学院」理事長の平岡龍人さん、「西郷隆盛に学ぶ敬天愛人フォーラム21」代表世話役の内弘志さん、「国際縄文学協会」理事長の西垣内堅佑さん、それら講演録を一書にまとめるようご高配いただいた中村良夫さん、そして出版の機会をあたえてくださった藤原書店社長の藤原良雄さんに心から感謝をもうしあげます。

とともに、読者のみなさまからの忌憚ないご意見をお待ちもうしあげたいとおもいます。
有難うございました。

二〇一二年五月一日

上田篤

主な参考文献

『古代歌謡集』（昭和三十二年七月、岩波書店）
『風土記』（昭和三十三年四月、岩波書店）
『古事記・祝詞』（昭和三十三年六月、岩波書店）
『日本書紀　上下』（昭和四十年七月～四十二年三月、岩波書店）
『おもろさうし』（昭和四十七年十二月、岩波書店）
柳田国男『遠野物語』（明治四十三年六月、聚精堂）
西田幾多郎『善の研究』（明治四十四年一月、弘道館）
平塚らいてう「原始、女性は太陽であった」（明治四十四年九月『青鞜』創刊号）
大西郷全集刊行会『大西郷全集』（全三巻、昭和二年十一月、平凡社）
折口信夫『古代研究（国文学篇・民俗学篇1・2）』（昭和四年四月～五年六月、大岡山書店）
山田済斎編『西郷南洲遺訓』（昭和十四年二月、岩波書店）
雑賀博愛『大西郷全伝』（全五巻、昭和十四年五月、大西郷全伝刊行会）
柳田国男『妹の力』（昭和十五年五月、創元社）
与謝野晶子『与謝野晶子歌集』（昭和十八年十二月、岩波書店）
J・G・フレイザー、永橋卓介訳『金枝篇』（昭和二十六年三月～昭和二十七年十月、岩波書店）

高群逸枝『招婿婚の研究』（昭和二十八年一月、講談社）
L・H・モルガン、青山道夫訳『古代社会　上下』（昭和三十三年七月〜四十六年九月、岩波書店）
R・R・マレット、竹中信常訳『宗教と呪術』（昭和三十九年三月、誠信書房）
久米邦武編『米欧回覧実記　一〜五』（昭和五十二年九月〜五十七年五月、岩波書店）
西郷隆盛全集編集委員会『西郷隆盛全集』（全六巻、昭和五十三年二月、大和書房）
網野善彦『無縁・苦界・楽』（昭和五十三年五月、平凡社）
E・ノイマン、福島章他訳『グレート・マザー』（昭和五十七年、ナツメ社）
レフ・イリイッチ・メーチニコフ、渡辺雅司訳『亡命ロシア人の見た明治維新』（昭和五十七年五月、講談社）
J・J・バッハオーフェン、河上倫逸他訳『母権論　1〜3』（平成三年八月〜七年二月、みすず書房）
U・イム・ホーフ、森田安一監訳『スイスの歴史』（平成九年四月、刀水書房）

著者紹介

上田 篤（うえだ・あつし）
昭和5（1930）年大阪市生。元建設省技官，元京都大学工学部建築学科・同経済研究所各助教授，元京都大学人文科学研究所・大阪大学工学部環境工学科・京都精華大学美術学部建築学科各教授。建築学者・評論家。西郷義塾主宰。
主な著書に『日本人とすまい』（1974年，岩波書店，日本エッセイスト・クラブ賞），『くるまは弱者のもの』（79年，中央公論社，トヨタ自工創立記念論文最優秀賞），『鎮守の森』（84年，鹿島出版会，共著，環境優良賞），『流民の都市とすまい』（85年，駸々堂，毎日出版文化賞），『海辺の聖地』（93年，新潮社，大阪文化賞）など。
主な建築作品に『大阪万国博お祭り広場』（70年，日本万国博覧会協会，建築学会賞），『橋の博物館』（88年，倉敷市，朝日デザイン年賞）など。

小国大輝論《しょうこくたいきろん》――西郷隆盛《さいごうたかもり》と縄文《じょうもん》の魂《たましい》

2012年5月30日　初版第1刷発行©

著　者　上田　篤
発行者　藤原良雄
発行所　株式会社 藤原書店

〒162-0041　東京都新宿区早稲田鶴巻町523
電　話　03（5272）0301
FAX　03（5272）0450
振　替　00160-4-17013
info@fujiwara-shoten.co.jp

印刷・製本　中央精版印刷

落丁本・乱丁本はお取替えいたします
定価はカバーに表示してあります
Printed in Japan
ISBN978-4-89434-859-2

専門家がいち早く事故分析

福島原発事故はなぜ起きたか

井野博満・後藤政志・瀬川嘉之
井野博満編

「福島原発事故の本質は何か。制御困難な核エネルギーを使いこなせるという過信に加え、利権にむらがった人たちが安全性を軽視し、とられるべき対策を放置してきたこと。想定外でもなんでもない」（井野博満）。何が起きているか、果して収束するか、大激論！

Ａ５並製　二二四頁　**一八〇〇円**
（二〇一一年六月刊）
◇978-4-89434-806-6

「東北」から世界を変える

「東北」共同体からの再生

（東日本大震災と日本の未来）

川勝平太＋東郷和彦＋増田寛也

「地方分権」を軸に政治の刷新を唱える静岡県知事、「自治」に根ざした東北独自の復興を訴える前岩手県知事、国際的視野からあるべき日本を問うてきた元外交官。東日本大震災を機に、これからの日本の方向を徹底討論。

四六上製　一九二頁　**一八〇〇円**
（二〇一一年七月刊）
◇978-4-89434-814-1

東北人自身による、東北の声

鎮魂と再生

（東日本大震災・東北からの声100）

赤坂憲雄編
荒蝦夷＝編集協力

「東日本大震災のすべての犠牲者たちを鎮魂するために、そして、生き延びた方たちへの支援と連帯をあらわすために、この書を捧げたい」（赤坂憲雄）――それぞれに「東北」とゆかりの深い聞き手たちが、自らの知る被災者の言葉を書き留めた聞き書き集。東日本大震災をめぐる記憶／記録の広場へのささやかな一歩。

Ａ５並製　四八八頁　**三二〇〇円**
（二〇一二年三月刊）
◇978-4-89434-849-3

〝原理〟が分かれば、除染はできる

放射能除染の原理とマニュアル

山田國廣

住宅、道路、学校、田畑、森林、水系……さまざまな場所に蓄積した放射能から子供たちを守るため、現場で自ら実証実験した、「原理的に可能な放射能除染」の方法を紹介。責任はどこにあるか。誰が行うか。中間貯蔵地は、仮置き場は……「除染」の全体像を描く。

Ａ５並製　三二〇頁　**二五〇〇円**
（二〇一二年三月刊）
◇978-4-89434-826-4